바쁜 직장인이

하루1~2시간 투잡으로

월 천만 원 버는

시크릿 공식

30대 백만장자가 알려주는 가난에서 탈출하는 방법

바쁜 직장인이
하루 1~2시간 투잡으로
월 천만 원 버는
시크릿 공식!

김상준 지음

보스북스

머리말
태어날때 부터 부자가 되지 말라는 법은 없었다

우리는 어렸을 때부터 항상 이런 이야기를 듣고 살았다. "지금 공부 열심히 안 하면 늙어서 고생한다.", "사업 및 투자 이런 것은 절대 하지 말고 공부만 열심히 해라.", "저축만 열심히 하고 성실하게만 살면 누구나 부자 된다.", "공부만 해라, 다른 짓은 하지 말아라.", "말아라, 말아라……." 이런 이야기를 수도 없이 들으며 자라 왔다. 과거라면 어른들의 삶과 지혜를 답습해 사는 것이 가능했다. 실제로 어른들이 시키는 대로 하면 중간 이상의 삶을 살 수 있었다. 그것이 현명한 것이었는지는 알 수 없다. 그러나 세상이 변했다. 부자가 되는 길도 변했다. 성실하게 공부만 한다고 부자로 살 수 없는 세상이 되었다.

금융 상식이 필요하고 세상 돌아가는 방향을 정확히 인지하는 능력이 필요하게 됐다. 어렸을 때 어른들에게 들은 대로 공부만이 유일한 정답이라고 여기며 살아온 지금의 성인 세대는 많은 허점에 노출되고 있고, 특히 경제 관련 상식이 전체적으로 미흡하다. 현시대는 과거처럼 근로소득에만 의존하고 저축만 해서는 부유한 삶을 살 수 없다. 지속되다간 노후에 심각한 경제난에 봉착하게 된다.

내가 살아온 환경도 남들과 다르지 않았다. 시키는 대로 하는 것이 최선이라고 배웠다. 그것을 일컬어 [1]주입식 교육이란 말로 표현한다. 창의적인 생각을 할 틈을 주지 않았다. 시키는 일을 잘하는 것이 그 사람의 능력이라 인정받았다. 주변 친구인 철수, 미영이도 전부 똑같이 생각하고 똑같이 살았다. 다른 생각은 하지 못하고 열심히 공부해서 좋은 대학에 입학하는 꿈을 꾸고 살았다.

나는 철저한 흙수저 출신이다. 다세대 주택 반지하 단칸방을 보증금 1000만 원, 월세 10만 원에 임차해 할머니와 살았다. 겨울이면 수도가 얼어 차가운 물을 데워야 했고, 여름에 비가 많이 오면 하수 구멍이 쓰레기로 막혀 바로 집 안으로 물이 들어오기 일쑤였다. 그때 나의 소원은 화장실이 집 안에 있는 곳에서 살고 싶다는 것이었다. 세면대가 있는 욕실에서 쪼그려 앉지 않고 일어서서 머리를 감고 싶다고 생각했다. 비가 많이 오는 날, 집에 물 들어올 걱정 없는 집에서 살고 싶다고 생각하며 살았다.

대학 졸업장이 있어야 사람 구실을 할 수 있다는 이야기를 귀에 못이 박히게 들어 어렵사리 대학에 진학했다. 힘들게 아르바이트를 해야 했고, 성적 장학금을 받지 못하면 학비를 감당할 수 없어 나름대

---

1 학생을 고려하지 않고 일방적으로 선정한 교육내용을 학생에게 주입시키는 교수법.

로 공부도 열심히 했다. 학비와 생활비를 스스로 해결하는 고된 나날을 보내며 어렵게 졸업했다. 그렇게 대학을 나왔지만, 막상 세상에 나와 보니 내가 가지고 있는 대학 졸업장은 그렇게 대단한 게 아니었다.

학자금 대출을 받아야 했던 나는 1000만 원가량 채무를 갖고 세상에 나와야 했다. 족쇄를 차고 세상에 나왔던 것이다. 그때부터 현실을 직시하게 되었다. 내가 사회생활을 처음 시작할 무렵 서울 시내의 집값은 평균 3억 원대였다. 집을 사기 위해 매달 받는 월급 200만 원 중 100만 원을 저축한다고 가정하면 1년에 1200만 원을 모을 수 있다. 10년이면 1억 2000만 원을 모을 수 있으니, 30년 가까이 모아야 집을 살 수 있다는 것을 깨달았다. 하지만 집값은 제자리에 있지 않았다. 매년 수천만 원씩 오르고 있었다.

저축해서 집을 사는 것이 불가능하다는 결론을 갖게 되었다. 더구나 추가로 내가 30년 동안 정상적으로 직장 생활을 한다는 보장도 없었다. '처음부터 말도 안 되는 게임이었구나.', '어른들이 가르쳐 준 대로 살다가는 평생 가난의 프레임을 벗어나지 못하게 설계돼 있구나.' 하고 생각했다. 그때부터 다양한 책을 읽고 각종 자료를 스크랩하면서 스스로 돌파구를 찾아내기 위한 노력을 시작했다. 결론은 2 레버리지 leverage 였다. 온전한 나의 노동력만으로는 현재 사회에서 원하는 삶, 즉 경제적 자유를 만들기 어렵다는 결론이 나오게 되었다.

그때부터 3가지 소득을 세팅하게 되었다. 첫째는 근로소득으로

---

2 고정적 지출과 고정 비용이 기업 경영에서 지렛대와 같은 중심적 작용을 하는 일.

일정 직업에 종사하며, 최소 생계비를 보장받는 형태이다. 둘째는 소득을 만드는 파이프와 연동되는 일을 하는 것이다. 내가 일하지 않아도 내가 만들어 놓은 플랫폼을 기반으로 지속적인 수입을 만들 수 있는 일을 찾는 것이었다. 나는 지독한 흙수저로 사업에 참여할 수 없었다. 자본도 없고, 나를 이끌어 줄 멘토도 없었다.

그래서 다양한 사업을 간접 체험할 수 있는 광고 대행사에 입사하였다. 그러면서 클라이언트 광고 대행을 하면서 사업별 출구전략, 기술력, 경험, 노하우 등을 간접 체험하며 배우기 시작했다. 이후 광고 회사를 창업하고 플랫폼 사업 체험단 마케팅, 재능 기부 , 최적화 블로그 및 유튜브 기획사 온라인 쇼가 , 무자본 유통 스마트 스토어 창업 및 교육 등으로 다양한 성공적인 사업을 진행하게 되었다.

무일푼으로 시작하여 자수성가한
광고대행사 대표님의 실전기

마지막 셋째는 투자소득, 즉 내가 열심히 번 돈도 취직을 시켜서 일하게 해야 한다는 것을 깨닫게 되었다. 부동산 경·공매 투자를 통해 재산을 축적하게 되었다. 소액의 종잣돈, 즉 천만 원 투자 시 4배 이상 차익을 통해 단기 3임대 수입과 4매도 차익을 실현하는 길을 터득하게 된 것이다. 현재 나는 무일푼으로 시작해서 36세의 나이에 직원 수 50명 이상인 기업을 이끌고 있다. 연 매출 50억 원 정도인 중견 기업의 대표로 성장하였다.

나는 이 중 둘째 소득을 독자들에게 소개하고자 한다. 내가 일하지 않아도 돈을 벌 수 있는 시스템이다. 이는 구체적으로 '5스마트 스토어 육성', '온라인상 블로그 운영', '유튜브 채널 운영', '전자책 출판'의 네 가지로 압축된다. 이를 통해 경제적 자유를 누릴 수 있는 현실적인 방향을 이 책에서 제시할 예정이다. 부동산 경매투자도 병행해야 하기에 내가 앞서 저술한 최단기 베스트 경매 서적 『흙수저 루저, 부동산 경매로 금수저 되다』라는 책도 참고하길 권한다.

결론적으로 나 자신의 노동력만 가지고 수입을 만들어 낸다면 절대 원하는 인생을 살 수 없다는 사실을 강조하고 싶다. 왜냐면 내가 가진 시간은 24시간이고, 노동할 수 있는 시간은 한계가 있기 때문이다. 내가 아니더라도 돈을 벌어줄 무언가를 만들어야 한다. 꼭 일

---

3 돈을 받고 자기의 물건을 남에게 빌려주어 수입을 내는 구조.
4 현물을 팔고 선물을 사는 프로그램 매매.
5 네이버의 쇼핑 컨텐츠 브랜드로 스마트한 스토어. 샵N => 스토어팜 => 스마트 스토어 이름 변경

해서 돈을 벌겠다는 생각을 버리는 데서 새로운 수익 창출은 시작된다. 과감하게 생각을 바꿔야 한다.

본인의 돈 버는 시간을 24시간이 아닌 무한정으로 늘려야 한다. 하지만 이것이 처음에는 어렵다. 예를 들어 스마트 스토어를 운영해 보려고 책도 사고, 강의도 듣고, 상품 등록까지 했는데, 판매가 잘 되지 않으면, 멘탈이 무너진다. 우리는 지금까지 시간과 돈을 1 대 1로 바꿔서 살아야 한다고 배웠기에 심각한 멘탈의 붕괴를 경험하게 되는 것이다. 하지만 이 프레임을 깨고 수정 보완하면서 전진하면 어느 순간 반대가 되는 현상을 만나게 된다. 즉, 나의 시간을 들이지 않았는데 돈을 버는 구조를 만들게 되는 것이다.

"흙수저 루저, 부동산경매로 금수저되다" 부동산경매책 발간

내가 일하지 않아도 내가 만들어 놓은 시스템들이 알아서 돈을 버는 자동화 구조가 만들어져야 한다. 이렇게 이야기하면 "너는 특출 나니까 되겠지, 말로는 쉽지 그게 가능하냐? 난 회사 일 때문에 시간이 없어."라는 식으로 이야기하면서 귀를 닫는 사람도 있다. 내가 앞서 이야기했듯이 우리는 자라는 동안 절대 부자가 될 수 없도록 주입식 교육을 받으며 살았다. 가난할 수밖에 없는 그런 프레임에 갇혀 살아왔다. 그러니 이 책을 통해 지금부터라도 자본소득을 세팅할 수 있도록 수입의 출처를 다변화하는 과정을 만들기 바란다.

추가로 변명 중에서도 가장 어리석고 못난 변명은 "시간이 없어서."라는 변명이라고 한다. 어렵기만 하고, 하고 싶은데 감이 안 잡히고, 곤란하다면 과감하게 그 속으로 뛰어 들어가야 한다. 그러면 불가능하다고 생각했던 모든 것들이 가능해진다. 우리는 꿈을 꿀 수 있고, 실행할 수 있는 가슴을 가졌다. 그 꿈을 계속 간직하면서 조금씩 실행한다면 그것은 꿈이 아니라 현실로 다가오게 된다.

이 책은 저자의 실전 노하우와 수많은 팔로워에게 멘토링한 경험을 담은 가장 현실적인 비전을 제시할 것이다. 누구나 성공할 수 있는 공략집을 제공할 것이다. 이 책을 통해 나와 같이 절망의 끝에서 경제적 자유를 달성하는 많은 이가 나왔으면 좋겠다.

차례

제3장.
당장 시작하는 스마트 스토어

제4장.
블로그에서 답 찾기

제5장.
유튜브가 대세다

제6장.
전자책을 아시나요?

제1장.
월급 노예에서 당장 벗어나라

1. [1] 언택트 소비 비대면 시장에 가파른 성장성

2019년 12월 중국 우한에서 처음 발생한 코로나로 인해 한국은 물론 전 세계에 수많은 감염자와 사상자가 발생했다. 코로나는 역대 발생한 어느 전염병보다 전염성이 높은 질병이다. 이 코로나 때문에 우리의 일상은 많은 변화를 맞았다. 대중교통인 버스나 지하철을 타면 마스크를 쓰지 않은 사람이 없고, 심지어 마스크 없이는 대중교통을 이용하지 못하게 되었다. 이로 인해 코로나 발생 초기에 마스크 품귀 현상이 발생하여 정부는 출생연도 기준으로 구매할 수 있는 요일을 정한 마스크 5부제를 시행하기도 했다.

---

1 언택트 Untact 란 '콘택트 contact: 접촉하다 '에서 부정의 의미인 '언 un- '을 합성한 말로, 기술의 발전을 통해 점원과의 접촉 없이 물건을 구매하는 등의 새로운 소비 경향을 의미.

전세계 코로나로 인해
마스크 착용

코로나의 기세가 꺾이지 않고 확산세가 계속되는 가운데 많은 회사가 이례적으로 다수 직원을 대상으로 재택근무를 시행하였다. 그리고 많은 사람이 모이는 백화점, 영화관 등의 출입을 자제하게 되었고, 약속과 만남도 무한정 미루는 세태가 연출되었다. 이런 변화가 이어지며 비대면 업무와 서비스가 증가하였다. 기존에도 1인 가구 증가 및 사회의 흐름으로 인해 점차 조금씩 성장세를 보였던 언택트 서비스, 즉 비대면 서비스 또한 코로나의 대유행과 함께 가파르게 성장하고 있다.

언택트 서비스란 접촉을 뜻하는 'Contact'와 반대를 뜻하는 'Un'을 합친 신조어로 사람과의 접촉을 최소화한 비대면 서비스를 뜻한다. 언택트 서비스는 은행 ATM 현금 자동 입출금기, 키오스크 터치스크린 방식의 정보 전달 시스템인 무인 단말기 등의 형태로 코로나 발생 이전부터 시작되었다. 과거에 사람이 했던 일을 기계가 대체하는 일이 일반화되기 시작한 것이다. 언택트 서비스의 출발은 기계 문명의 발달과 더불어 인건비 상승 등 사회문제가 복합적으로 작용하는 데서 비롯되었다.

사람이 할 일을 기계가 대신하며 본격화한 것이다. 처음에는 어렵고 익숙하지 않았지만, 이제는 어딜 가든 쉽게 접하고, 대부분 사람이 능숙하게 처리할 수 있게 되었다. 요즘 소비자는 개인 성향이 강해져 사람과 말을 섞어 주문하는 것보다 기계로 버튼을 눌러 주문하는 것을 더 선호한다고 한다. 이제 언택트 서비스는 시장을 점차 확대하여 장비에 국한되지 않고, 스마트폰 애플리케이션을 이용하여 소비자들에게 서비스를 제공하게 된다. 코로나는 우리가 언택트 시대로 한 발짝 더 다가서게 하는 계기가 되었다.

이렇게 빠르게 비대면 시장이 성장하고 있지만, 주위에는 아직도 많은 사람이 '코로나 곧 잠잠해지겠지.', '과거의 생활로 다시 돌아갈 수 있겠지.', '조금만 더 기다려 보면 나아지겠지.' 하는 등의 생각을 하고 있다. 여기서 중요한 것은 코로나가 없어지냐, 없어지지 않냐의 문제가 아니다. 코로나 때문에 어쩔 수 없이 익숙해진 소비 패턴이 새로운 세상을 만들고 있다. 예를 들어 쿠팡 2019년도 사업 보고서를 보면 매출이 7조 원을 기록했다. 이마트의 매출이 10조 원 정도인 것을 고려하면 엄청난 성장 속도다.

특히 식료품의 매출이 90% 이상 상승세를 보였다. 경제 성장률은 마이너스인데 언택트 시장은 80% 이상 고도성장을 하고 있다. 기업은 비대면 시장을 예측하며, 소비자의 소비 패턴을 따라가면서 움직이고 있다. 하지만 우리가 초중고와 대학에 이르기까지 받는 교육은 지금처럼 빠르게 변화되는 세상에서 살아남는 방법에 관한 내용이 없다. 전혀 가르치지 않았다. 기존에 만들어진 시스템을 지속하며 뒤처진 교육을 하고 있다.

쿠팡은 코로나 사태로 오히려 순항 중임

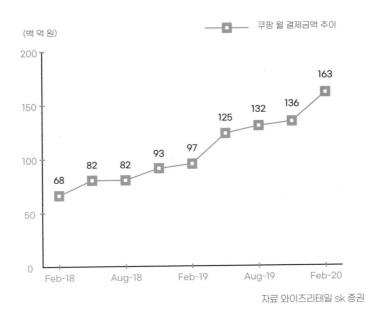

자료 와이즈리테일 sk 증권

그러니 대학을 졸업하고 사회에 진출한 젊은이는 실제 기업에서 원하는 인재상과는 큰 차이를 보인다. 그래서 앞으로는 대학 졸업장을 비롯해 스펙이 무너지는 사회가 올 것이라고 나는 주장하고 싶다. 실제로 그런 일이 점차 현실화하고 있다. 하지만 다수의 국민은 여전히 구시대의 가치관에 사로잡혀 있다. 명문 대학의 졸업장이 무엇이든 해결해 줄 것이란 과거의 생각에서 벗어나지 못하고 있다. 스펙에 집착하고 있다.

기업은 재택근무가 현실화하며, 전 세계의 유능한 인재를 언제든지 채용할 수 있게 됐다. 서울 소재 상위 대학의 4년 동안 학업을 마치고 온 학생을 굳이 선호하지 않는 세상이 다가오고 있다. 기업은 언제든지 실무에서 시스템이나, 플랫폼을 키우고 핸들링 할 수 있는 인재를 찾아 채용하게 된다. 그러니, 기업은 4년 동안 대학에서 자격증에 매달린 수동적 인재보다는 당장 기업 활동에 도움이 되는 인재를 찾을 수밖에 없다.

살아남고자 한다면 2인플루언서 활동, 브랜드 채널 운영, 카피라이터, 마케터 등 자동화 시스템을 만들 줄 알며, 그것을 컨트롤 할 수 있는 능력을 키워야 한다. 세상이 앞으로도 명문 대학의 졸업장을 요구할 것으로 생각한다면 오산이다. 세상은 분명히 바뀌었고, 계속 변화하고 있다. 잘살기를 원한다면 시대의 흐름에 맞춰나가야 한다. 세상의 변화에 발맞춰 나가는 것은 오로지 본인이 선택할 일이다.

---

2 인플루언서 influencer 는 SNS에서 수만 명에서 수십만 명에 달하는 많은 팔로워 follower: 구독자 를 통해 대중에게 영향력을 미치는 이들을 지칭하는 말.

2. 예측 가능한 2030년, 위기를 기회로 만들어야

　현재 우리가 사는 시대는 혼돈의 중심에 있다. 즉, 세상이 바뀌고 있는 시점이다. 대면 시장에서 비대면 시장으로, 수동 시스템이 자동화 시스템으로, 고금리 시장에서 저금리 시장으로 전부 변경되고 있는 시점이다. 혼돈의 장기화로 새로운 규칙이 만들어지고 있다. 그 변화하는 규칙 안에 내가 미리 들어가 있다면 찬스를 맞을 수 있다. 'change'에서 g를 c로만 바꾸면 'chance'가 된다. 즉, 변화하는 위기를 기회로 만들어야 한다.

　앞으로는 선호하는 부동산도 바뀔 가능성이 매우 크다. 일자리가 비대면 시장으로 변해가면서 점차 안착한다면 대한민국 대표 선호 학군으로 손꼽히는 대치동과 목동은 치명타를 입게 될 것이다. 또한, 사람이 혼잡한 아파트 및 사무용 공간들이 전원주택과 꼬마 빌딩 사옥으로 변경되어 새로운 부동산 시장이 열릴 수 있다. 다시 말해 도심에 밀집한 주택의 선호도는 떨어지고 전원주택, 타운하우스 등 인구가 밀집되지 않는 환경의 주택을 선호하게 바뀔 것이다.

코로나 확산이 오래 지속되고, 장기간 경기침체가 이어지는 것은 이러한 변화의 시대에 썩 중요하지 않다. 어차피 백신은 개발될 것이고, 안정은 찾아올 것이다. 중요한 것은 코로나가 아니라, 코로나 때문에 바뀌는 생활 방식이다. 이 흐름은 이미 정해져 있고, 다가올 미래이다. 그 변화의 흐름을 부정한다면 낙오자가 될 수밖에 없다. 세상을 탓해 봐야 소용없다. 변화하는 세상에 내가 적응하고 변화를 주도하는 물줄기에 과감하게 뛰어들어 편승하는 것이 바람직할 뿐이다.

Contat Cycle Flow-2021년 전망

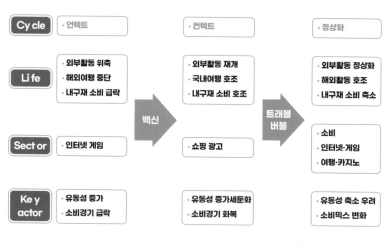

자료 키움증권 리서치

예를 들어 코로나 이전에는 오프라인 시장에서 옷도 사고, 먹을 것도 고르고, 영화나 공연도 보러 다녔다. 코로나 이후에는 온라인 쇼핑몰 등을 통해 옷도 사고, 배달을 시켜 음식을 먹고, 넷플릭스 등을 통해 영화를 보는 일이 일상이 될 것이다. 기업은 생존을 위해 발 빠르게 비대면 플랫폼을 만들어 상용화할 것이다. 즉, 소비자와 생산자를 연결할 수 있는 이 고리를 기업이 주도적으로 개발하고 상용화하면서 일반화를 이끌 것이다. 이러한 사실은 충분히 예측 가능하다.

그럼 이렇게 개발한 편리한 플랫폼은 누가 이용하게 될까? 코로나라는 전염병으로 인해 강압적인 자가 격리 외에 스스로 선택하는 자체 격리가 늘어나고 있다. 이러한 추세에 발맞춰 모든 오프라인 활동이 온라인 활동으로 변해 전 국민이 이 패턴을 따르게 된다. 소수가 사용하면 유행이 되고, 이것을 다수의 사람이 따르면 혁명이 된다. 그렇게 되면 우리의 의식주가 송두리째 바뀌게 되는 것이다. 유행이니 따라가면 좋은 것이 아니라, 무조건 따라야만 한다. 적응해야만 살아갈 수 있는 세상으로 바뀌고 있다.

기존에는 오프라인 사업을 하게 되면 상권을 보고, 권리금을 주고, 인테리어를 하고, 물건을 사입하고, 이윤을 만드는 판매 구조가 일반적이었다. 하지만 앞으로 변화할 세상에서는 인터넷에 홈페이지를 만들어, 플랫폼 사업을 준비하고 있어야 한다. 지금 준비하지 않는다면 시장이 변화에 안착한 상태에서 뒤늦은 출발을 하게 되고, 그렇게 되면 절대 성공할 수 없다. 시대의 흐름에 뒤처지게 되고 도태될 수밖에 없다.

오프라인 사업과 온라인 플랫폼 사업은 전혀 다른 맥락으로 시작된다. 가장 큰 차이점은 처음부터 기반을 다시 만들어서 준비해야 한다는 점이다. 철저한 준비를 하지 않으면 낙오할 수밖에 없다. 낙오는, 즉 실패를 의미한다. 종전의 사고방식을 벗어던지지 않으면 새롭게 변화하는 세상에 적응할 수 없다. 새로운 수단이 개발되면 거기에 맞게 자신을 변화시켜야 한다. 자동차가 개발됐는데 먼 곳을 걸어 다닐 필요는 없다.

내가 만났던 수백억 원의 자산을 가진 CEO들은 미리 위기를 기회로 만들 준비를 하며, 바뀌는 세상에 들어갈 채비를 하고 있다. 진짜 무서운 것은 평범한 일반인은 지금의 상황을 위기로만 인식한다는 점이다. 둘 사이에는 엄청난 간극이 존재하고 있다. 안타까울 따름이다. 세상이 바뀌고 있다는 사실을 전혀 모르고 있는 이들이 너무도 많다. 누가 알려주지 않으니, 어떤 방향을 설정해야 하는지 아무것도 모른 채 다가올 세상에 준비 없이 맞닥뜨려야 한다.

디지털 세상이 오는 것은 알고는 있는데 컴맹이라서 어디서부터 어떻게 시작해야 하는지 막연하거나 어렵다고 생각하는 이들이 의외로 많다. 하지만 그들만 탓할 문제는 아닌 부분이 있다. 안타깝게도 디지털 교육을 하는 학원이나, 학교의 교육 과정을 살펴보면 정보화 방법을 너무 어렵게 설명하는 경향이 있다. 그런 문제점을 보완하기 위해, 대중이 코로나 이후 바뀔 세상에서 살아남을 수 있는 길을 열어주기 위해 이 책을 집필하게 되었다. 경제적 자유를 만들 수 있도록 팩트를 핵심만 요약하여 쉽게 전달하고자 한다.

3. 변화하지 않는다면
자신만 손해일 뿐이다

이 책은 정보화 시대에 뒤처진 이들도 코로나 이후 빠르게 바뀌는 질서와 소비 패턴을 미리 인지하고 준비할 수 있게 해주고 싶다는 일념으로 기획 제작하였다. 누군가에게는 이 책이 10억 원 이상의 가치가 있을 것이라는 생각도 해본다. 이 책의 독자 당사자만 미래의 변화된 삶에 적응할 수 있도록 준비하라는 것은 아니다. 독자는 자신의 자녀를 포함해 주변 사랑하는 사람들 모두에게 앞으로 찾아올 비대면 시장에서 살아남는 법을 알려주고, 길을 만들어주기 바란다.

우리 자녀들이 선호하는 직업 및 유망 직종은 5년 뒤 완전히 달라질 것이다. 이런 사실을 고려할 때, 자녀를 기르는 부모들이 이 책을 가장 먼저 읽고 생각을 바꾸는 계기를 마련했으면 좋겠다.

50대에 정년퇴직하고 코로나 이후 바뀐 세상으로 나와 마케팅, 사이트 구축, 3바이럴 마케팅 Viral Marketing : 어떤 기업이나 회사의 제품을 소비자의 힘을 빌려 알리려는 마케팅 등을 모르고 사업을 할 수 있을까?

미리 학습하지 않고, 1인 기업으로 살아갈 준비가 돼 있지 않다면 다시 노동력이 필요한 단순 업무로 돌아갈 수밖에 없다. 코로나 이후의 세상, 즉 다가올 미래는 기존에 살아가는 세상이 없어지고 다시 시작하는 세상으로 바뀌게 된다. 그래서 우리도 그것을 인지하고 미리 준비하여 향후 100세 시대에서 30년 이상 먹고살 방법을 찾아야 한다.

이 책이 그들에게 충실한 길라잡이 역할이 되었으면 좋겠다. 돈이 중요한 게 아니다. 자본주의 세상에서 자유를 누리고, 중요한 것들을 지키려면 제대로 대비하고 철저하게 준비해야 한다. 세상을 바꿔 자본주의를 무너뜨리고 새로운 세상을 열 것이 아니라면 자본주의에 맞춰 생각하고 행동해야 한다. 자본주의를 비판하던 사상은 무너졌고, 더불어 그 사상을 추종하던 국가들도 무너졌다. 당장은 자본주의가 숙명일 수밖에 없다.

---

3 어떤 기업이나 회사의 제품을 소비자의 힘을 빌려 알리려는 마케팅. 바이러스가 퍼지는 것처럼 입소문이 나는 것을 활용하는 방법으로, 이메일 추천 따위와 같은 방법이 자주 사용됨.

경제적 자유를 형성하기 위해
핵심만 전달하겠습니다.

4. 자본주의를 모르면
생존에 위협을 받는다

　현재 우리가 사는 세상은 자본주의를 모르면 생존에 위협을 받는다. 그 이유는 물가가 지속 상승할 뿐 아니라, 내가 받는 월급으로는 충분한 노후준비를 할 수 없기 때문이다. 그러니 열심히 일하고 저축하는 게 정답이 아니라는 현실을 부정하지 말고 받아들여야 한다. 한국은행 경제 통계에 따르면 30년간 물가가 3배 이상 올랐다. 이 사실은 소비자 체감 물가가 매년 3%씩 올라간다는 것을 방증한다. 통화량이 증가하여 화폐의 가치가 떨어질 수밖에 없다. 그래서 물가는 절대 떨어지지 않는다.

　이해하기 어려울 것 같아 예를 들어 이야기를 해보겠다. 18세기 프랑스 대혁명 직후 프랑스에서 우유 파동이 있었다. 우윳값이 무한정으로 치솟자 프랑스 정치인 로베스피에르가 '모든 프랑스 아이는 우유를 마실 권리가 있다.'라는 명분을 내세우며 시중에 유통되는 우유의 가격을 절반으로 내렸다. 만약 이를 어기고 우윳값을 올린다면 우유를 판매하는 상인에게 큰 벌금을 물렸다. 그러자 우유를 생산하는 목장 주인들이 건초값도 안 나온다며 젖소를 도축하거나 팔아버리고 우유 생산을 멈추었다.

그러자 시중에 우유는 종전보다 더욱 구하기 어려워졌다. 또다시 프랑스 정부가 내놓은 대책은 우유를 다시 시중에 유통하기 위해 젖소가 먹는 건초 가격을 반값으로 내리게 하였다. 건초 가격을 내렸더니, 건초 업자들이 사업이윤이 나오지 않자 건초들을 전부 소각하며

더는 건초 사업을 하지 않았다. 결국 우유는 시중에서 사라지고, 귀족들만 먹을 수 있는 식품이 되었다.

돈의 양이 늘어나면 늘어날수록 실물자산의 가치는 하락하게 돼 각 가정은 더 많은 수입을 창출해야 견뎌낼 수 있다. 하지만 우리는 살아오면서 "사업, 투자 따위는 하지 말고 열심히 공부만 해라, 저축만 열심히 하고 성실하게만 살면 부자 된다."라고 부모들에게 배웠고, 자녀들에게 똑같이 가르치고 있다. 실제 주변에서 이런 이야기를 수도 없이 들었다. 우리는 돈의 흐름에 대해 정확히 이해하기 어려운 교육을 받았고, 다수의 국민은 지금까지 금융 문맹으로 살았다. 금융지식이 미흡한 건 엄연한 사실이다.

최근에 상담하면서 들었던 20대 중반 여성의 이야기를 해보겠다. 상담 온 여성은 "부모님께서 '꼭 수입의 50% 이상을 적금에 넣어야 한다. 그래야 불필요한 지출을 막을 수 있고, 나중에 집도 사고, 안정적으로 돈을 지키면서 살 수 있다. 그리고 투자는 하지 말고, 열심히 적금만 부어서 나중에 연금 받아서 살아라.'라고 말씀하셨고, 자신은 그대로 실천하며 살았다."고 했다.

이 여성은 "지금과 같은 저금리 시대에 나와 함께 내 돈도 일하는 구조를 만들어 자본소득이 발생하도록 만들어야 할 것 같은데, 어찌해야 할지 답답하다."라며 혼란스러운 심정을 밝혔다. 우리 부모님 시대에는 예금 금리 8%대를 기록하고 고성장하던 시대라 적금을 맹신했다. 추후 연금 수령을 통해 부자는 아니더라도, 어느 정도 노후준비를 할 수 있었다. 하지만 지금은 다르다. 세상이 달라졌으면 그에 따라 살아가는 전략도 바꿔야 한다. 과거의 방식으로 지금을 살아갈 수는 없다.

저금리, 고령화, 비대면 시장에 사는 우리는 금융 상식에 해박해야 한다. 그러려면 돈에 대해, 즉 금융에 대해 이해를 해야 한다. 내 통장에 있는 돈만 생각하지 말고 시장 전체에 떠돌아다니는 돈이 어디로 어떻게 흘러가고 있는지를 이해해야 한다. 단순하고 편협한 생각만 한다면 돈의 흐름을 제대로 이해하지 못하게 된다. 내가 은행에 예금했을 때, 그 예금한 돈이 어떻게 쓰이는지 이해하면 전체적인 돈의 흐름을 이해하는 데 도움이 된다.

A라는 사람이 B 은행에 1억 원을 예금했다고 가정하자. 그럼 B 은행은 1억 원의 10%인 1000만 원을 제외하고, C라는 사람에게 9000만 원을 대출해준다. 그럼 C는 그 대출금을 사용하기 전까지 다시 D 은행에 9000만 원을 예금하게 된다. 그럼 또다시 D 은행은 E라는 사람에게 돈을 빌려주게 된다. 이러한 과정이 무한 반복되며 은행은 예금주들이 맡긴 돈을 가지고 예대 이윤 _{예금과 대출을 통해 발생하는 이윤}을 챙기게 된다.

BIS비율 _{자기자본비율}을 10%라고 가정했을 때, 내가 은행에 1억 원을 예금하면 최초 1억 원이 10억 원이 되어 시중에 돌아다니게 된다. 이렇게 시중에 돈이 많이 풀리면 풀릴수록 화폐의 가치는 빠르게 하락하게 된다. 화폐의 가치가 하락하면 저금리가 유지될 수밖에 없으니 자신의 돈을 제대로 활용하지 못하고 단순히 은행에 예금만 하게 된다면 손해가 발생하는 구조이다. 쓰지도 않았는데 수중에서 돈이 없어지는 것과 같은 현상이 나타난다.

그렇다고 무작정 저축을 하지 말라는 이야기는 아니다. 저축해서 소비성 지출을 억제하는 것은 합리적인 방법일 수 있다. 하지만 기약 없이 정기 적금 금리 2%대를 유지하며 무한정 내 돈을 맡기는 것은 오히려 손해다. 소비자 체감 물가지수가 3%대라는 사실을 감안하면, 적금으로 인해 1%대의 자금 손실을 보게 된다. 금리 2%대를 넘어 5%에서 10% 이상으로 이익을 얻을 수 있는 투자 및 사업을 선택하는 것이 맞다.

그런 목표를 설정하고 종잣돈이 모일 때까지만 적금에 가입해야 한다. 목표한 종잣돈이 모일 때까지만 적금을 활용하고, 종잣돈을 모으면 내가 은행에다 돈을 맡기는 데서 그치지 말고, 내가 은행 돈을 가지고 10%대의 수익이 발생할 수 있는 사업 및 투자처를 찾아야 한다. 그러기 위해서는 금융에 관한 공부가 필수적이다.

5. 돈에는 진짜 돈과 가짜 돈이 있다

화폐가 무한정 풀리는 이 시점에 예·적금은 가장 위험한 자산이다. 현재 2000만 원의 종잣돈이 있고, 그 돈이 예·적금에 들어가 있다면 지금 돈은 진짜 돈이지만, 향후 5년 뒤나 10년 뒤에는 가짜 돈이 된다. 요행을 바라지 않고 열심히 적금하며, 성실하게 주어진 일만 하고 살았는데, 막상 노후에 물가 상승률로 인해 뒤늦은 후회를 하며 경제적 어려움에 봉착하게 될 수 있다. 연금, 예금, 적금, 보험 등으로 내 돈을 묶어 일하지 못하게 한다면 결국 내가 죽을 때까지 노동해야 하는 게 현실이다.

고령자의 경제생활 및 노후준비 실태 보고서에 따르면 평범한 생활을 유지하기 위해 부부의 경우 월평균 300만 원, 개인은 200만 원이 필요한 것으로 나타났다. 노후에 기본적인 생활만 유지한다고 가정하고 최소의 생활비를 산출하면 부부는 200만 원, 개인은 150만 원이 필요하다고 조사됐다. 이 정도의 금액 산출이 잘못됐다고 생각하는 이는

경제생활과
노후준비를 위한

현실적으로
돈 모으는 비법!

없을 것이다. 실제로 생활하려면 이 정도의 돈은 반드시 필요하다.

대부분의 사람은 적금과 연금에 의존하며 살고 있다. 20년 이상 연금을 가입해도 월 수령금은 100만 원에 못 미치고 있다. 초고령화 시대로 접어들면서 연금 수령액은 기대에 못 미칠 정도로 줄어들 수 있다.

또한, 정부가 무한정 지원금을 풀고 있어 국가 재정에 극심한 경제난이 발생한다면 실제 수령할 연금액은 반 토막이 나거나 혹은 못 받을 수도 있다. 그러니 내가 아닌 그 누구도 내 노후를 100% 보장할 수 없다. 이러한 현실을 직시하고 심각성을 깨달아야 한다. 연금이 나의 노후를 완벽하게 책임져줄 것이란 생각은 큰 오산이다.

근로소득에만 의존하지 않고, 내가 일하지 않아도 나를 위해 대신 일해 줄 수 있는 자본소득을 세팅하는 데 집중해야 하는 이유이다. 미래는 예측하는 것이 아니라, 당장 대응하는 것이다. 어제와 다르지 않은 행동을 하면서 더 나은 결과를 기다리는 그런 어리석은 행동을 하지 않기 바란다. 어차피 누구에게나 주어진 시간은 같다. 누가 먼저 미래의 사회에 대비해 철저하게 준비하느냐에 따라 훗날의 내 삶은 바뀌게 된다.

6. 하마터면 열심히 살 뻔했다

　월급만으로는 부자가 될 수 없다는 사실을 너무 늦게 알게 되었다. 열심히 하면 잘살 수 있다는 그 거짓말을 조금 더 일찍 알았더라면 좋았을 텐데 그러지 못했다. 우리는 누군가 정해 놓은 틀에 들어가서 열심히 일하면 성공한다고 주입식 교육을 받으며 살았다. 그도 그럴 것이 부모님 세대에는 금리가 8~10% 육박하던 시절이라 저축만 잘하면 어느 정도 경제적 부를 이룰 수 있었다. 하지만 지금은 완전히 다른 세상이다. 사상 최초로 금리가 0%대를 기록했지만 소비자 물가는 매년 3%씩 올라가고 있다.

　그냥 열심히만 산다고 해서 절대 경제적 자유를 달성할 수 없다. 오히려 생존에 위협을 받을 수 있다. 내가 일하지 않아도 돈을 벌 수 있는 파이프 공사를 해야 한다. 근로 지상주의에 사로잡혀 있는 한국인은 일하지 않고 돈을 번다는 말 자체를 부정하고, 심지어는 부도덕한 일이라고 생각한다. 일해서 버는 돈만 가치 있는 돈이라고

당장의 수입보다
수입을 만들 수 있는 구조를 형성하라!

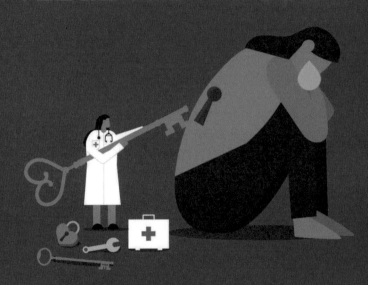

생각한다. 이 나라가 자본주의를 지향하는 나라임을 생각하면 그런 생각은 순진하기 짝이 없는 생각일 뿐이다. 그 사고를 전환하지 못하면 고통의 굴레에서 탈출할 수 없다.

예를 들어 이야기해 보겠다. 옛날 어떤 시골 마을에 A라는 청년과 B라는 청년이 살고 있었다. 이 청년들에게 기름을 약 10㎞ 운반해 주면 하루에 5만 원씩 주겠다고 했다. 두 청년은 하루에 5만 원씩 받으면서 하루도 쉬지 않고 기름을 운반해 각각 150만 원이라는 돈을 벌게 되었다. 그렇게 1년이 되자 어깨는 무거운 기름통 때문에 손상을 입게 되고, 매일 10㎞씩 약 4시간 동안 무거운 짐을 지고 이동하다 보니 발톱도 빠지고, 허리 상태도 안 좋게 되었다.

그래서 A 청년은 기름을 쉽게 옮길 수 있도록 10㎞가 넘는 길가에 파이프 공사를 하기로 마음먹었다. 공사를 하면서 친구 B에게 "너도 같이 도와서 파이프 공사를 같이하자."고 제안하니, 그 친구는 "나는 그냥 열심히 일해서 이번 달도 150만 원을 벌 거야. 쓸 돈도 있고, 멋진 옷도 살 거야." 이렇게 답하고는 A를 도와주지 않고 계속 기름을 나르는 일을 했다. A 청년은 파이프 공사 때문에 평상시보다 일을 못해 하루에 2만 원, 또는 1만 원, 5천 원을 벌 때도 있었고, 심지어 한 푼도 벌지 못하는 날도 있었다. 하지만 점점 파이프 공사가 완성되어 가는 모습을 보고 희망을 품게 되었다.

그렇게 1년이 지나자 A는 파이프 공사가 끝나 힘든 노동을 하지 않아도 파이프에 기름을 실어 손쉽고 빠르게 운반할 수 있게 되었다. 일하지 않아도 돈을 벌 수 있는 구조를 만든 것이다. 반면 B는 힘든

노동으로 인해 몸은 더욱 망가졌고, 힘든 육체노동을 견디기 위해 매일 술을 마셨다. 소비적인 지출로 돈도 없고, 몸도 망가진 상태였다.

이 이야기의 핵심은 내가 아닌 시스템이 나를 위해 일할 수 있게 하는 과정을 만들어야 한다는 점이다. 지금은 불편하고, 힘들 수 있지만, 가치 있는 투자를 통해 노동하지 않아도 수입을 만들 수 있게 준비해야 한다. 자본주의 세상에서는 누군가에게 혜택을 제공해야 나에게 되돌아오는 수입을 만들 수 있다. 그러니 누군가에게는 혜택이 되고, 나에게는 이익이 되는 일이 무엇인지를 끊임없이 생각하고 고민해야 한다. 편안하게 현실에 안주하는 인생은 금물이다. 미래를 위해 지금의 자신을 불편하게 해야 한다.

그러기 위해 무자본 유통 스마트 스토어를 운영해야 하며, 온라인 상가 블로그를 만들고, 유튜브를 운영하며, 전자책 출판을 통해 수입을 만들어야 한다. 내 시간과 노력을 향후 가치투자에 베팅해야 한다. 반대로 파이프 공사를 안 하고 현실에 만족하는 것을 선택한다면 절대 기회는 오지 않는다. 힘들고 불편한 일이 싫어 그냥 가만히 있게 된다면 아무것도 안 하는 지금이 무서운 줄 모르고 시간만 흘러간다. 노동에만 의존한 삶을 살아갈지, 아니면 내가 아닌 시스템이 돈을 벌게 할지 선택하고 실행해야 한다.

7. 월급 노예를 벗어나지 못하는 이유

우리는 지금껏 돈의 노예이자 월급의 노예로 살았다. 노예가 될 수밖에 없던 이유는 직장 밖이 정글이라고 생각했기 때문이다. 이는 위험하고 어리석은 사고방식이다. 그러나 대부분 사람은 이런 프레임에 자신을 가두며 지냈다. 그래서 자본주의 개념인 돈에 대해 알지 못하고, 그냥 열심히만 살았다. 냉혹하게 말해 이는 노예로 살 수밖에 없던 이유다. 정글은 나를 위협하는 요소도 많지만 내게 기회를 안겨주는 많은 요소도 함께 존재한다는 사실을 깨달아야 한다.

대부분 직장인은 '내가 어떻게 일해야 회사에서 인정받고 월급 10만 원을 더 받을 수 있을까?' 고민하며 산다. 이런 노력으로는 만족스럽지 못한 약간의 부만 늘리게 된다. 그리고 '안정'이라는 안락함에 빠져 헤어나지 못하며 살게 된다. 그러니 앞으로는 펼쳐질 세상에서 직접적인 부를 만들 수 있는 자본소득에 대해 더욱 노력을 기울여야 한다. 그러니, 돈에 관한 공부를 해야 하며 일하지 않아도 돈을 벌 수 있

돈의 노예

VS

월급의 노예

는 구조를 만들어야 한다. 그래야만 자본주의 세상에서 경제적 자유를 만들 수 있다.

이미 경제적 자유를 달성한 사람들을 살펴보면 본인이 노동하지 않아도 수입이 나올 수 있는 파이프라인을 만들어 놓았다. 파이프라인이 없는 사람들은 '노동을 해야 돈을 벌지.'라는 생각을 하고 열심히만 일하는데 그렇게 하면 절대 경제적 자유를 만들 수 없다. 본인의 몸을 활용한 노동에는 한계점이 분명히 존재하기 때문이다. 그 사실을 하루라도 빨리 깨우쳐야 한다. 먼저 깨닫는 만큼 자신에게 돌아올 장래가 밝다는 사실을 알아야 한다.

첫 번째 이유는 본인에게 주어진 시간이 24시간이라는 점이다. 그중 6시간 수면을 제외하면 일할 수 있는 시간은 18시간으로 줄어든다. 이는 수입의 한계를 의미한다. 두 번째 이유는 나이가 들수록 노동력은 떨어지게 되며, 인생의 절반은 노동하지 못하고 수입을 얻어야 한다는 사실이다. 하지만 돈을 주제로 공부하고, 자본 논리를 활용할 줄 아는 사람은 이런 한계를 극복하게 된다. 소득은 반드시 노동을 통해서만 발생한다는 굳은 믿음을 깨야 유연한 생각을 할 수 있고, 새로운 도전이 가능해진다. 그 사고를 깨는 것이 파이프라인을 구축하는 첫 번째 조건이다.

본인이 만든 시스템은 24시간 쉬지 않고 본인을 대신하여 일할 수 있으며, 나이가 들거나 지치지 않는다. 그러니, 자본 시스템을 구축해야 하고, 그러기 위해서는 돈에 관해 공부해야 한다. 자본주의 세상에서는 나의 돈도 일해야 한다. 나만 일하는 것으로 끝나고 노동

가치 있는 나의 돈을 만들자!

수입에 의존하면, 원하는 삶을 살 수 없다. 수입의 출처를 다변화하고자 노력해야 한다. 만약 계속 근로소득에만 의존한 삶을 추구한다면 화폐 가치의 하락, 즉 4인플레이션으로 인해 내가 가진 돈은 쓰레기가 될 수 있다. 돈이 돈을 버는 구조를 만들어 놓아야 지속해서 안정적 수입을 얻을 수 있다. 인플레이션을 대비하지 않는 사람은 자신이 가진 돈이 아무런 가치가 없는 돈으로 전락해 버리는 모습을 보게 될 것이다.

현실이라는 달콤함에 취해 현재를 낭비하다 보면 기회를 잃을 수밖에 없다. 인플레이션으로 돈의 가치가 떨어지게 되어서야 뒤늦게 후회한다. 그때 가서 "돈을 벌 수 있는 사업을 해볼걸.", "유튜브 및 블로그 운영을 통해 기회를 만들어 볼걸."하고 이야기하며 한탄만 해봐야 소용이 없다. 안정적이고 편안함만 추구한 본인 잘못을 탓해야 한다. 열심히 가치투자를 하며, 불안정과 싸워온 자본가들, 일하지 않아도 돈을 벌 수 있는 구조를 만든 사람들을 비판한들 세상은 바뀌지 않는다.

알고 보면 자본가들은 편안한 삶을 포기한 사람들이다. 그들의 노력은 외면한 채 불로소득이라고 비난하는 것은 어리석은 일이다. 단, 아무런 정보 없이 무턱대고 가치투자를 진행하면 안정적인 부분을 추구하는 것보다 더 나쁜 결과를 만들 수 있다. 그래서 나는 이 책

---

4 화폐 가치가 하락하여 물가가 전반적·지속적으로 상승하는 경제 현상. 종래에는 인
   플레이션을 '통화팽창'이라고 하였으나, 최근에는 물가 수준의 지속적 상승 과정
   으로 정의.

을 통해 단기간에 수입의 출처를 다변화할 수 있는 온라인 상가 블로그 및 유튜브 운영, 전자책 출판, 무자본 유통 창업의 지름길을 제시하고자 한다. 단기간에 수입의 출처를 다변화할 수 있도록 이야기할 예정이다.

성급할 필요는 없다. 한 계단씩 천천히 달성하면 이 책을 읽는 독자들의 자신감은 저절로 올라갈 것이다. 그렇게 얻은 성과로 가치관이 바뀌면 실천에 나설 용기가 생길 것이다. 실천하는 순간, 어제와 다른 인생을 살 것이라 장담한다. 단 이 책을 읽고 난 후에도 실행하지 않고 아무것도 하지 않으면 아무 일도 일어나지 않을 것이다. 조금씩 실행하며, 어제보다 나은 내일을 만들어가야 한다. 지금 현재가 중요하다.

8. 생각보다 가난은 잔인하다, 자본소득을 세팅하자

    가난은 개인의 자유를 빼앗아간다. 즉, 본인을 위해 활용해야 할 모든 시간과 자유를 누릴 수 없게 한다. 더욱 잔인한 것은 이 가난을 내가 해결하지 못하고 오랜 시간 지속할 경우, 그것을 다음 세대에 물려주게 된다는 점이다. 가난의 대물림보다 무서운 일은 없다. 내가 가난하게 산 것도 억울한데 나로 인해 내 자식이 가난하게 살 수밖에 없다면 이보다 더한 불행은 없다. 자본주의 세상에 살면서 자본소득 및 투자소득을 주제로 공부하지 않는다면 부자가 되기 어렵다.

    우리는 어렸을 때부터 주입식 교육으로 인해 창의적인 생각과 단절된 생활을 하고 있다. 선진국의 경우 교사의 지시만 따르는 반복적인 학습은 하지 않는다. 미리 정해진 답을 배우기보단 책에서 많은 정보를 찾고 스스로 자신만의 정답을 만드는 데 집중하는 방식의 교육을 하고 있다. 그 결과 향후 혁신적인 미래를 만들어가며, 자연스럽게 자본주의 공부를 한다. 반면 우리는 사업, 부동산, 주식 등에 관심을 둔다면 주변인들이 걱정부터 한다. 대개는 이렇게 말한다. "빚내서 하지 마라. 너무 큰돈은 투자하지 마라. 사업하지 마라."

이렇다 보니, [5]무자본 창업 및 1인 기업 등으로 본인의 논밭을 일궈가는 방법을 배우려 하지 않는다. 금리 인하가 경제에 어떻게 영향을 미치는지 같은 경제에 대한 이해도도 거의 바닥 수준이다. 초중고와 대학교를 졸업할 때까지 학교에서는 단 한 번도 자본소득에 대해 가르쳐주지 않는다. 그러니 부모님이 사업소득이나 자본소득에 대한 지식이 없는 가정에서 자란다면 이에 관해 절대 배울 수 없다. 지금이라도 자본소득, 돈이 돈을 버는 구조에 관해 공부하고 내가 일하지 않아도 돈을 벌 수 있는 시스템을 만드는 데 집중해야 한다.

소득은 크게 근로소득, 투자소득, 자본소득 총 3가지로 구분된다. 우리는 이 세 가지를 전부 만들어야 한다. 급여 근로소득 는 내 시간에 남의 일을 해주고 그 대가로 월급, 일급, 수당 같은 대가를 받는 것이다. 사업 투자소득 은 내가 다른 사람에게 일을 부여해 주면 다른 사람들이 내 돈을 벌어주어 생기는 소득이다. 마지막 자본소득은 돈이 일하게 해 그 결과로 생기는 소득이다. 대부분 사람은 이 중에서 첫 번째인 근로소득만으로 수입을 갖는 경우가 많다. 그러나 보통 급여보다는 사업소득이, 사업소득보다는 자본소득이 더 많은 돈을 벌게 한다.

---

5 자본 없이 창업함.

그럼 돈이 돈을 벌게 하는 자본소득에 대해 생각해 볼 필요가 있다. 돈은 생물이 아니므로 24시간 쉬지 않고 움직이며, 확정적인 결과물을 가져다준다. 또한 돈은 일을 얼마나 했던 별다른 대가를 요구하지도 않는다. 자본소득의 가장 큰 장점이 바로 이 점이다. 돈을 벌어주면서 그 대가를 요구하지 않으니 무한정 늘려도 부담이 없다. 급여의 경우 아무리 회사에서 능력과 평가가 좋다고 하더라도 연봉 3000만 원 받는 사람이 1년 안에 6000만 원을 벌기 어렵다. 그러나 자본소득은 시스템만 구축해 놓으면 무한정으로 수입을 만들어 낼 수 있다.

근로소득이 자본소득을 앞서 나가기 어렵다는 것은 자본주의 사회에서 당연한 구조이다. 그러므로 우리는 자본주의 사회 내에서 자본가가 되어야 한다. 만약 지금 월급 외의 노동하지 않아도 발생하는 소득을 만들 수 있는 파이프 구축이 되어 있지 않다면 당장 가치투자를 병행해야 한다. 월급만으로 살아가는 사람은 그 외 소득을 가진 사람과의 경쟁에서 절대 이길 수 없다. 여기서 중요한 것은 최대한 안전하게 내가 가진 돈을 잃지 않으며 수입을 다변화하는 출처를 만들어야 한다는 것이다.

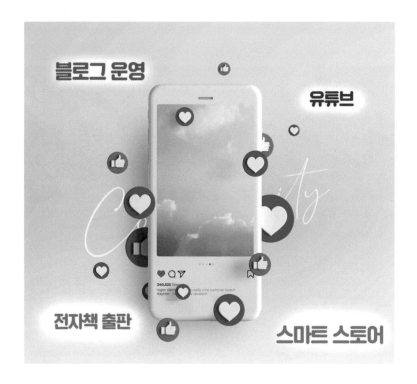

금수저가 아니라면 한 번의 실패로 큰 치명상을 입을 수 있다. 그 불안감이 사람이 위축되는 요인이다. 그러니 내 돈이 들어가지 않는 상태에서 돈이 나오게 해야 한다. 쉽게 생각하면 투잡으로 하는 대리운전, PC방이나 편의점 아르바이트 등이 있겠다. 여기에서 문제가 발생한다. 가치 있는 투자와 가치가 없는 투자를 충분히 고려해야 앞으로 더 큰 수익을 만들 수 있다. 가치 있다는 것은 내가 열심히 시간을 투자해서 일하고, 거기서 수입이 발생하면 나중에 그것으로 인해 별도의 노동력 및 시간을 들이지 않고도 수입이 창출된다는 것을 말한다. 즉, 가치투자를 말하는 것이다.

반대로 온전히 나의 노동력만으로 돈을 버는 일이라면 내가 아프거나, 일하지 못하는 환경에 처하면 수입이 발생하지 않는다. 그러므로 시간이 지나면 지날수록 나의 노동력과 투자하는 시간이 단축되고 수입은 늘어나거나 유지되는 일을 해야 한다. 이 책에 소개되는 총 4가지 파이프 작업인 블로그 운영, 스마트 스토어, 유튜브, 전자책 출간 등은 노동을 하지 않아도 경제적 자유를 만들 수 있도록 해 줄 것이다. 잠자는 동안에도 돈이 들어오는 방법을 찾아내지 못한다면 당신은 죽을 때까지 노동해야만 한다.

제2장.
항아리 공식을 이해하자

1. 부자가 되려면 항아리 공식을 알아야 한다

부자가 되려면, 즉 돈을 버는 구조를 만들려면 텅 빈 항아리에 물을 가득 채워야 한다. 텅 빈 항아리에 최소 50번 이상 물을 가득 채워야 한다는 것이다. 그렇게 다 채워진 항아리는 드디어 나를 위해서 돈을 벌어주는 자본 시스템이 될 수 있다. 하지만 돈을 벌지 못하는 사람은 물을 어느 정도 채우다가 포기하게 된다. 그 이유는 단 한 번도 텅 빈 항아리에 물을 가득 채운 적이 없기 때문이다. 쉽게 포기하게 되는 것이다.

물을 계속 채우다가 채울 가능성이 없다고 생각하면 부정적인 사고를 하게 된다. '과연 이 항아리에 물을 꽉 채우면 현실적으로 나에게 큰 도움이 될까?' 이런저런 의심을 하면서 물을 채우는 속도가 줄어들게 되고, 결국에는 중간에 포기하게 된다. 우리는 지금까지 시간과 돈을 1 대 1로 교환하며 살았는데 항아리 채우는 일은 나의 시간 1을 넣으면 내가 노력한 시간의 대가가 바로 나오지 않기에 의심을 하게 된다. 이는 포기로 연결된다. 일하지 않아도 돈을 벌게 하려면 나의 노동력, 즉 본인의 시간과 돈은 비례하지 않다는 것을 깨달아야 한다.

스마트 스토어, 블로그 운영, 유튜브 운영, 전자책 발간의 4가지 항아리에 물을 부으면서 포기하는 예를 들어 보겠다. 통상적으로 가장 접근하기 쉬운 블로그부터 해보자고 생각하고, 큰마음 먹고 블로그를 만들어서 글을 2~3번 올려본다. 하지만 댓글도 없고 아무도 방문하지 않자 실망하게 된다. 결국에는 이 시간에 게임이나 예능을 보는 것이 낫다고 생각하고 포기하게 된다. 누구나 한 번쯤 경험해 보았을 법한 일이다. 하지만 여기서 포기하는 자와 포기하지 않는 자로 나뉜다.

블로그에 열심히 올린 자료가 아까워서 전자책까지 써보지만, 맥락도 안 맞고 내용도 허술하여 결국 3~4페이지 쓰다가 또 포기하게 된다. 그러다 이슈가 되고 있는 유명 유튜브 크리에이터의 영상을 보고는 온라인 스마트 스토어가 대세라고 생각하여 '도매꾹'이나, '도매토피아' 같은 곳에서 대충 물건을 찾아 본인의 스마트 스토어에 올려보는데, 어쩌다가 한 개 팔리면 도매 사이트에서 품절 되고, 혹은 팔아도 남는 금액이 없어 또 포기하게 된다.

블로그 및 유튜브 항아리, 무자본 유통 항아리, 전자책 항아리 등에 10분의 1 정도 물을 채우다 포기하는 것이다. 당연히 아무것도 안 하는 것보다는 낫다. 하지만 물을 채우면 채울수록 항아리의 빈 공간

단순 근로소득만
의존하게 되면

밑빠진 독에 물붓기만 하게 된다!

은 줄어든다. 하나의 항아리라도 꽉 채워보는 것에 것을 도전해 봐야 한다. 여기서 가장 중요한 핵심은 그냥 열심히만 해서 항아리에 물만 채우면 절대 안 된다는 것이다.

2. 물을 채운 항아리는 꿀단지가 된다

내가 문의 받았던 사례를 말해 보겠다. 처음 항아리에 물 채우는 작업으로 온라인 무자본 창업 스마트 스토어를 선택한 A가 있었다. A는 코로나 때문에 유치원, 초등학교 등이 연기되어 집안에서 육아 하는 시간이 길어졌다는 뉴스를 많이 접한 뒤 장난감을 아이템으로 선정했다. 막무가내로 도매처에서 상품을 조달받아 올렸다. 내가 확 인해 보니, 당시 검색 포털에 '장난감' 키워드 조회 수는 5만 건 이상 이었다. 리뷰는 수천 개 달린 빅 브랜드 업체가 상단을 도배하고 있 었다. 나는 여기로 진입하는 것은 계란으로 바위 치기이니, 타깃군을 좁혀 특색을 구성하도록 컨설팅해 주었다.

그래서 이분은 '돌 아기 장난감'으로 카테고리를 축소하여 특색 에 맞게 상세 페이지 및 제품 이미지를 새롭게 세팅하여 판매하기 시작했다. 대기업 브랜드가 선점하고 있는 대표 카테고리에 여러 개 의 상품을 등록할 시간에 '돌 아기 장난감'이라는 특정된 상품 등록 및 구성을 하는데 조금 더 많은 시간을 투입하도록 권했다. 그러자 물건이 한개 두개 팔리기 시작하면서 양질의 후기가 누적되기 시작했다. 변화가 시작된 것이다.

더욱 중요한 것은 '돌 아기 장난감', '유아 장난감' 키워드에도 상위 노출되기 시작했다는 것이다. 그러면서 자연스럽게 장난감이라는 대표 키워드에도 1페이지 진입을 하기 시작했다. 특색을 갖춘 스마트 스토어 때문에 판매량이 늘어 현재는 '아마존'이나, '이베이' 해외 직구 사이트에서 직접 수입하여 자신만의 브랜드를 만들어 판매하고 있다. A는 현재 금형을 별도 제작하여 자체 생산까지 준비하고 있다.

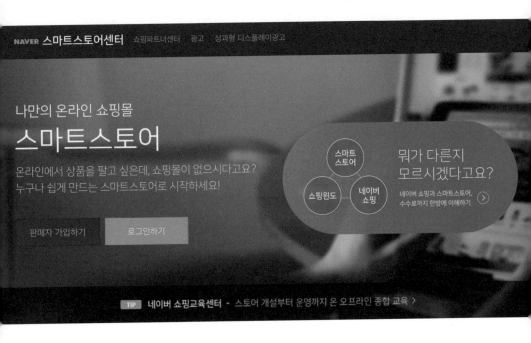

A의 상품 판매력과 아이템 차별성을 고려하여 카테고리를 '아기 장난감'으로 축소하여 성공한 사례를 소개한 것이니, 참고하면 좋겠다. 중요한 것은 열심히만 하면 항아리에 물 채우는 시간이 길어지고 지칠 수 있다는 것이다. 스마트 스토어에 무작정 여러 개의 물건을 등록하면, CS 문의가 오고, 위탁 배송 업체 품절이 되고, 심지어 환불이 발생하는 일이 벌어질 수 있다. 이러면 기존 등록된 상품을 찾아 지워야 하고, CS 문의가 들어오면 어떤 상품을 말하는 건지 정확한 답변을 하지 못해 고객 불만 사항만 이래저래 생겨난다.

돈은 못 버는데 할 일만 무한정 생겨나 결국에는 항아리에 물을 다 채우지 못하게 된다. 하지만 대표 카테고리가 아닌 시장 경쟁력이 있는 카테고리를 찾아 특색을 만든다면 이야기는 달라진다. 시장이 포화 상태에 있는 청정 지역에 아이템을 선정하고 차별점을 적용하여 홍보한다면 자연스럽게 진성 구매자가 나오게 된다. 그로 인해 양질의 후기가 누적됨에 따라 노동력을 더는 투여하지 않아도, 즉 내가 일하지 않아도 자동으로 돈을 벌 수 있는 시스템을 얻게 된다. 결론적으로 항아리에 물이 다 채워진 형태가 된다.

단순 근로소득에만 의존하게 된다면 밑 빠진 독에 물 붓기만 하게 된다. 예를 들어 퀵서비스 업체를 운영하는 업주가 있었다. 아무리 열심히 일해도 정해진 시간과 이동 거리가 있기에 일정 이상의 수입을 올리기 어려웠다. 거기다가 매일 신규 고객을 유치해야 하는 어려움이 발생했다. 하지만 퀵서비스의 대상을 기업 위주로 변경한다면 신규 고객 유치는 중지해도 되고 안정적인 수입을 만들어 낼 수 있다. 기업 고객에게 제공하는 포인트나 번개배송이라는 타이틀을 만들고 다른 퀵서비스 업체와 차별성을 만들면 점차 기업 고객군을 확보하는 양이 늘어나게 된다.

그러면 나 혼자 퀵배송 하는 시간이 부족하게 되고 배송을 추가하려면 기사를 모집하게 된다. 이는 자신이 더는 항아리에 물을 채우지 않더라도 저절로 물이 채워지는 자동화 시스템을 만들어 갈 수 있다는 사실을 의미한다. 누군가를 고용해 그가 내게 이윤을 안겨 주는 구조를 만들었다면 이는 사업소득이라 할 수 있다. 사업소득은 근로소득과 달리 내가 일하지 않아도 소득이 생기는 구조이다. 이 책에서 소개하는 실전 노하우를 기반으로 빠른 기간에 나만의 항아리를 채워 보도록 하자.

3. 24시간을 48시간으로 시간 늘리는 방법

나는 무자본 유통 사업, 전자책 출판사, 파워 블로그 및 유튜브 기획사, 부동산 경매 강의 및 기업 강연, 광고 대행사 등 다양한 사업을 하고 있다. 직원 수 50명 이상인 기업을 운영하고 있다. 상담차 직접 나를 찾는 방문객도 있고, 유튜브를 통해 문의하는 사례도 많다. 이들이 하는 가장 많은 질문은 "시간을 어떻게 배분하기에 다양한 업무를 할 수 있는가?"이다. 이런 질문은 항상 받고 있다. 이런 질문이 아니더라도, 지금 회사에 다니고 있어 도저히 시간이 없어 가치 투자인 스마트 스토어, 블로그, 유튜브, 전자책 등을 못 하고 있다고 문의하는 분들이 많다.

원리는 단순하다. 본인이 처음에 하는 것이 시작점이 되며, 점차 영역을 확장하고, 소요 시간을 줄여 나가는 과정을 겪는다. 내 경우를 예로 들어 말해 보겠다. 처음에는 사업소득을 세팅하고 싶어 광고

직원수 50명 이상인 기업을 운영하는 사옥

대행사 취직하여 마케팅을 배웠다. 광고 회사에 다니며 [6]클라이언트
고객, 정보를 열람하거나 특정 프로그램을 사용하는 컴퓨터 또는 소프트웨어, 즉 광고주의 매
출 증가에만 초점을 맞추고 밤낮없이 일했다. 그로 인해 나름 업계에
서 인정받는 마케터가 되었다.

　　이후 인정받는 광고 관리의 노하우를 압축하여 레시피를 만들었
다. 여기서 레시피는 음식이 아닌 광고 노하우나 운영관리 방법을 말
한다. 그걸 사용할 수 있는 직원을 고용하여, 인정받는 대행사 창업
을 할 수 있는 수준에 도달하게 되었다. 또한 자연스럽게 수많은 광
고주의 광고 대행을 하다 보니 사업의 본질을 알게 되었다. 어떻게

6　전문가의 서비스를 받는 **의뢰인[고객]**.

홍보하고 구성하면 수입이 나올 수 있는지 노하우를 얻어 유통 벤더사, 리뷰 인플루언서 기획사, 쇼핑몰, 교육 사업 등 다양한 사업을 진행하게 되었다. 이후 수입의 출처를 다변화하기 위해 투자소득, 즉 경매투자를 병행하여 투자소득도 세팅하게 되었다.

소액으로도 재테크가 가능한 경매투자의 개념과 노하우를 얻어 그 내용을 유튜브에 공유하였다. 수많은 사람이 영상을 보고 따라 하게 되었고, 그 가운데 적지 않은 수익을 올리는 사람들이 발생하게 되었다. 그러면서 자연스럽게 유튜브 크리에이터로 성장하게 되었다. 유명세가 더해지며 업계에 소문이 나다 보니, 강의 사업까지 진행할 수 있는 길이 연결되었다. 내가 하는 일을 단순한 노동에서 그치지 않고, 사업을 확장할 수 있는 아이템으로 삼았다. 그것이 남들과 내가 다른 점이었다.

칼에는 양면성이 있다. 칼날에는 손을 벨 수 있지만, 칼등에는 손을 벨 수 없다. 이렇듯 모든 사람에게는 양면성이 존재한다. 밖에서는 소심한 사람이 집안에서는 대담하거나, 반대로 밖에서는 냉철한 사람이 집안에서는 소심한 사람일 수 있다. 동일한 상황에서 어떤 시야를 가지고 보느냐에 따라 상황을 다르게 볼 수 있다. 현재 상황에 대해 어떤 사람은 불행하다고 느끼지만, 반대로 기회와 도약점이라고 생각하는 사람이 있다. 매일 불행하다고 생각만 하는 사람에게 기회는 오지 않는다.

현재 상황에서 할 수 있는 최선을 찾아 노력하고 긍정적인 생각을 한다면 멋진 인생이 기다릴 것이다. 지금도 늦지 않았다. 우리는

노력의 결실이 있는 여러 가지 상장

무엇이든 할 수 있고, 무엇이든 만들 수 있다. 지금 이 책을 여기까지 읽었는데도 새로운 일을 하겠다는 각오와 결심이 생기지 않는다면 사고를 바꾸려는 노력부터 해야 한다. 긍정적으로 생각하고 할 수 있다는 자신감을 가져야 한다. 그것이 뒷받침되지 않는다면 앞으로 한 발 더 나가는 것은, 절대 쉽지 않다.

4. 처음이 어려울 뿐이다

앞서 밝힌 대로 첫 단추를 끼어 유튜브, 블로그, 스마트 스토어, 전자책 출판 등 추가 파이프라인을 연결하였다. 결국, 파이프라인 4개 이상을 연결할 수 있게 되었다. 이처럼 사업소득과 자본소득을 올릴 방법을 실제 시행하였다. 24시간을 48시간으로 늘리는 현실적인 내용을 온라인과 오프라인 강의를 통해 대중과 공유하고 있다. 다수의 수강생 중에는 신념을 바꾸고 용기를 얻어 자신의 새로운 파이프라인을 구축해 안정적인 현재 생활과 노후까지 안전하게 대비한 사례도 있다.

이렇게 이야기하면 어려울 수 있을 것 같아 다시 한번 정리해서 이야기해 보겠다. 첫 번째 단추를 끼우는 것이 시발점이 되어 다른 영역으로 확장할 때는 썩 어렵지 않았다. 시작점은 수입에 다변화를 줄 수 있는 첫 번째 단추라고 보면 된다. 스마트 스토어, 블로그, 유튜브, 전자책 출판 등이 될 수 있다. 무엇을 먼저 선택하든 문제가

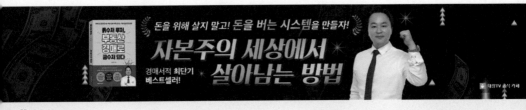

대장TV
구독자 7.44만명

가입　구독중

홈　　동영상　　재생목록　　커뮤니티　　채널　　정보

업로드한 동영상　▶ 모두 재생

낙찰 후 전혀 연락이 전혀 되지 않는다.강 제로 열고 들...
조회수 1.5만회 · 1일 전

경기도 평당 123만원 토지 입 찰 포기했습니다.부동산경매...
조회수 7.6천회 · 5일 전

2000만원 소액투자로 임대 로 200만 원 받는 상가투자...
조회수 9.1천회 · 1주 전

부동산경매 3천만원 낙찰! 누 구나 1통할 수 있는 방법공...
조회수 5.9만회 · 1주 전

부동산경매 3천만 원 소액투 자해서 가장 빨리 천만 원 버...
조회수 1.2만회 · 2주 전

부동산경매 노후주택 낙찰 후 점유자분을 만났습니다.명...
조회수 2.3만회 · 2주 전

인기 업로드　▶ 모두 재생

3500만원 부동산경매 낙찰된 최악에 노후빌라 리모델링...
조회수 31만회 · 2개월 전

부동산경매 7500만원 썩다리 빌라 문 열어보니...
조회수 21만회 · 8개월 전

부동산경매 260만 원 폐가로 려 갔다? 폐가경매 현장...
조회수 18만회 · 4개월 전

[소액경매] 빌라가 돈이 안된 다고? 그럼 경매나온 빌라를...
조회수 18만회 · 1년 전

소액 아파트 경매로 낙찰! 문 을 열어보니 이런일났습니다.
조회수 15만회 · 3개월 전

부동산경매 싸다고 낙찰 받으 면 파산하는 3가지! 경매...
조회수 13만회 · 8개월 전

현재 운영 중인 유튜브 채널

되지 않는다. 시작점을 스마트 스토어로 했다면 스토어 운영을 통해 실제 느꼈던 것들을 유튜브 및 블로그에 옮기면 하나의 일을 하며 2가지 성과를 낼 수 있다. 하루 24시간을 48시간으로 늘릴 수 있게 되는 것이다. 그러면서 무한정 시간이 늘어나게 되는 방식이다.

　많은 사람이 원리는 알면서도 실행을 못 하는 것은 첫 번째 단추를 통해 조금이나마 수익을 올려야 하는데 일정 기간 결과물은 나오지 않기 때문이다. 일은 많아지는 악순환의 고리 때문에 여러 가지

10배 이상 수입을 만들 수 있는 방향성!

파이프를 연결하지 못하고 포기하게 되는 것이다. 그래서 처음 단추가 가장 어렵고 힘들다. 그러나 여기서 포기한다면 나만의 파이프라인을 구축하는 일은 이룰 수 없게 된다. 모든 역량을 동원해 성공에 도달해야 한다. 절대 포기해서는 안 된다.

첫 번째 단추를 끼려면 앞서 말한 항아리 공식처럼 전략적으로 꾸준하게 물을 부어야 한다. 이러한 내용은 뒤에 최적화 블로그 육성, 파워 유튜브, 전자책, 스마트 스토어 등 치트키 ^{제작자들만 알고 있는 비밀키 또는 속임수} 공략법에 더욱 상세하게 다루겠다. 이렇게 첫 번째 단추를 끼우게 되면, 두 번째 단계로 넘어가면 된다. 주의해야 할 점은 두 번째 일에서 첫 번째 일보다 많은 시간을 투자해야 한다는 점이다. 다른 것을 공부하거나, 무리하게 돈이 드는 것은 두 번째로 진행하는 단계에 적합하지 않을 수 있다.

처음처럼 다시 시작해야 하는 에너지와 시간이 필요하므로 다수가 두 번째 단추를 연결하다 포기하게 된다. 첫 단추를 실행한 것에 일부 노력만 들이거나, 혹은 살만 조금 붙여 바로 실행할 수 있는 것을 찾아야 한다. 예를 들어 스마트 스토어를 통해 일정 수입이 나오고 있다면 이것을 기반으로 블로그, 유튜브, 강의, 전자책 출판 등을 병행해야 하지만 본인의 취미가 요리라서 요리와 관련된 유튜브를 한다고 하면 연관성이 떨어져 균형적인 사업을 하지 못하고 결국에는 무너지게 된다.

처음 시작하는 것이 매개체가 되어 연관성을 가지고 확장하게 되면 첫 번째 시작한 것처럼 시간이 들지 않고, 더욱 쉽게 다음 단계로 확장할 수 있다. 그러니, 스마트 스토어를 진행하면서 본인만의 투자 노트를 블로그로 만들어 기재하고, 그것을 또다시 가공하여 영상을 만들어 유튜브를 운영하면 된다. 그렇게 만든 블로그, 유튜브를 최종적으로 요약하여 전자책을 만들면 스마트 스토어 한 가지 에너지에 총 4개 채널이 연결되는 가치투자가 만들어지게 된다.

보통 사람들이 두 번째, 세 번째 파이프라인을 만드는 데 실패하는 것은 첫 번째 실행한 파이프라인과 연관성이 떨어지는 두 번째 일을 하기 때문이다. 시간도 없고, 열정도 식어 집중하지 못하게 되는 것이다. 또한, 첫 번째 파이프라인 설치에 실패하는 이유는 유튜브, 책, 강연 등을 듣고 이걸 듣기만 하고 본인 것으로 흡수하지 못하기 때문이다. 이 책을 읽는 데서 멈추면 내일은 오늘과 다르지 않을 것이다. 이 책을 통해 1인 기업인, 내가 주체가 되는 인생의 주인공이 꼭 되었으면 좋겠다.

5. 부자가 되려면
   자판기를 설치하라

나는 20대 초반에 일하지 않고 돈을 벌 방법이 무엇이 있을까 고민하다가 인형 뽑기 기계를 3대 정도 운영한 경험이 있다. 인형 뽑기 기계를 운영하겠다고 결심한 순간 해당 기계를 얼마에 구입할 수 있는지, 기계 안에 채울 인형은 어디가 저렴하고 도매로 구입할 수 있는지 등을 전부 스스로 확인해야 했다. 더 나아가 기계를 설치할 수 있는 자리 선정도 내가 해야 했다. 그렇게 자리를 선정하였다면 인형 뽑기를 하는 손님에게 환전도 해줘야 했고 사업장에 전기도 끌어 써야 했다. 적절한 임대료를 지불할 수 있도록 협상도 필요했다.

사업을 시작하는 모든 단계에서 당장 돈을 벌지는 못하고 돈과 시간을 무한정 소비해야 했다. 하지만 나는 열심히 발품을 팔아 인형 뽑기 중고 기계를 합리적인 가격으로 구매하였고, 청계천에 있는 인형 도매 상가와 계약을 진행하여 저렴하게 물품을 조달받을 수 있었다. 그리고 며칠간 발품을 팔고 돌아다녀 유동 인구가 많고, 적절한 임대료를 지급할 수 있는 위치를 찾아내 드디어 임대차 계약까지 마무리하였다. 그 후로는 모든 것이 자동으로 이루어졌다.

임대인이 인형이 떨어질 때 연락을 주면 한 달에 2번 정도 현장을 방문해 인형을 채우고 수금을 하였다. 그때부터 큰 노동력이 들어가지 않아도 매달 100만 원 이상의 꾸준한 수입을 만들어주는 시스템이 구축되었다. 노동이 없이도 돈을 벌 수 있는 시스템을 만든 것이다. 초기에 이것저것 알아보는데 많은 시간과 노동을 한 것은 맞지만 이것이 시스템으로 구축된 이후에는 큰 노력 없이 안정적인 수입을 올릴 수 있었다.

지금까지 우리가 배우고 습득한 방법으로는 시간과 돈을 1 대 1로 바꾸면 한정적인 수입 외에는 돈을 벌 수 없다. 더 나아가 내가 시간을 쓸 수 없게 된다면, 즉 몸이 아프게 되면 시간을 돈으로 바꾸지 못해 경제적 어려움에 봉착할 수 있게 된다. 하지만 돈을 버는 시스템을 구축하게 되면, 즉 인형 뽑기 기계를 설치하게 되면 처음에는 시간과 투자금 대비 수입은 적지만 시간이 지나면 지날수록 하루 24시간이 1시간씩 늘어나는 마법을 만들게 된다. 1시간을 일해도 2시간의 가치에 해당하는 수입을 벌게 된다는 것이다. 하루빨리 시간과 돈을 1 대 1로 바꾸는 일만 하지 말고 인형 뽑기 기계를 설치해야 한다. 즉, 자본소득을 세팅해야 한다.

인형 뽑기 기계를 통해 자본소득을 세팅한 것을 사례로 사업 확장하는 방법에 대해 간략하게 이야기해 보겠다. 처음에 스마트 스토

"자본소득 인형뽑기 세팅"

어를 개설하여, 위탁 배송이 가능한 상품군 위주로 세팅해야 한다. 저렴한 인형을 조달받을 수 있는 곳을 찾듯이, 각종 위탁 배송 업체들을 비교 분석하며, 상품을 조달해야 한다는 이야기다. 이후에는 적절한 위치, 즉 대기업이 포진되어 있지 않은 카테고리를 찾아내 스토어 상품이 상위 노출되도록 작업을 진행해야 한다. 이후 해당 상품과 카테고리가 겹치는 상품을 추가 연계하여 두 번째, 세 번째, 네 번째 파이프라인을 구축해야 한다.

여기서 메인 인형 뽑기 기계를 구매하려고 투자한 시간과 돈을 하나도 버리지 말고 두 번째 인형 뽑기 기계를 설치해야 한다. 그것이 온라인 상가인 블로그 및 유튜브의 운영이다. 이곳에 스마트 스토어를 통해 습득한 모든 투자 데이터를 기재하여, 향후 가치를 만들어야 한다. 그렇게 내가 만든 블로그 및 유튜브에 손님이 많이 오면 올수록 추가 임대 수익은 더욱 많이 들어오게 된다. 이후 스마트 스토어를 통해 보고, 배운 모든 스킬을 함축하여 전자책을 만들게 된다. 해당 전자책, 즉 요약집은 '크몽', '오투잡', '탈잉' 등 재능마켓을 통해 2만~3만 원 정도 가격을 형성한다. 이는 또 다른 인형 뽑기 기계를 설치하는 기회를 제공하게 된다.

이렇게 스마트 스토어, 블로그, 유튜브, 전자책 등 총 4개의 인형 뽑기 기계를 만들게 된다. 여기까지 달성하게 되면 인형 뽑기 기계가 없는 사람 대비 10배 이상의 수입을 만들 수 있게 된다. 내가 앞으로 이야기할 방향성은 총 4개의 인형 뽑기 자판기를 가장 현실적으로 빠르게 만들고 자동화 시스템을 구축하는 치트키이다. 누구나 할 수 있으니, 천천히 실행해보자. 해보지도 않고 못 한다고 손을 드는 것은 일하지 않고 얻을 수 있는 안정적 수익을 포기하는 것이라 할 수 있다.

6. 투자금 없이 온라인에 나만의 빌딩을 만드는 방법

요즘 코로나 여파로 오프라인 상권이 경제적 어려움에 봉착해 있다. 그 이유는 소비자들이 외출을 삼가고 집에만 있기 때문이다. 이러한 현상은 내수 경기침체를 불러일으키고 오프라인 상가 매출에 적지 않은 타격을 주고 있다. 여기에 코로나가 확산하며, 상가 공실을 늘리고 있는 것 또한 가계부채를 증가시키는 주요 원인이 되고 있다. 반면 소비자들은 집안에서 활동하는 시간이 늘어나게 된다. 마트나 식당에 가는 것도 위험해서 배달을 통해 음식을 사먹기 시작하고, 옷을 매장 가서 사지 않고 앱이나 홈페이지에서 결제하여 구매하는 쪽으로 이동해 가고 있다.

기존에는 온라인에서 가입하고 결제하는 것이 번거롭기도 해서 그냥 오프라인에서 구매를 했지만, 코로나 사태 이후 비대면 활동이

코로나 에티켓
언택트 주문을 이용해주세요

배달주문

드라이브 스루

DRIVE THRU

익숙해지면서 지금은 대부분의 소비자가 앱을 다운받고 홈페이지에 접속해 결제 시스템을 숙지하는 단계이다. 소비자는 이런 과정이 처음에는 어려웠지만, 막상 이용해보니 간편하고 더욱 효율적인 것을 알게 되었다. 그래서 점차 새로운 생활에 적응하고 익숙해지기 시작하고 있다. 그러면서 의식주 전체 형태가 바뀌고 있다.

"꼭 오프라인 학교에 다닐 필요가 없구나.", 혹은 "학원을 굳이 힘들게 다닐 필요가 없구나." 등등의 생각을 하며, 소비 패턴과 의식주 관련 생활 방식의 모든 것이 변경되고 있다. 시장이 변한다는 것이다. 여기서부터 향후 우리가 어떻게 살아가야 할지, 소비 패턴은 어떤 식으로 변경될지 미래를 예측할 수 있다. 이런 위기를 기회를 볼 수 있는 사람들은 미래에 변화되는 패턴을 예측하고 반응하는 사람들이다. 이들에게는 위기가 곧 기회가 될 수 있다. 이런 미래를 예측하고 대비할 수 있도록 우리는 온라인에 나만의 빌딩을 미리 만들어야 한다.

오프라인 상가의 수익률은 통상 6%대부터 시작한다. 즉, 5억 원으로 상가를 매입하면 1년에 3000만 원, 한 달에 250만 원 수입이 발생하게 된다. 하지만 대출 이자 및 세금을 제외하면 수익은 더욱 떨어지게 된다. 현재는 경제침체로 더욱 수익률이 떨어지는 게 현실이다. 그러니 온라인 시장은 더욱 매력적일 수밖에 없다. 앞으로 온라인 시장은 더욱 확산될 것이다. 이를 부정할 사람은 없다. 다시 오프라인으로 구매 패턴이 되돌아가리라 생각한다면 그 생각을 바꿔야 한다.

네이버 블로그 트랜드 시장 활성화

위에서 이야기한 대로 사람들의 추세가 변경되어 오프라인 상가에 가지 않고 온라인상의 상가에 방문하여 의식주 관련 용품을 해결하게 되면 온라인 상가의 성장률은 급속도로 올라가게 된다. 그중 네이버의 파급력은 위력적이다. 1년 광고 수익이 공중파 방송 3사의 수익을 넘었다고 한다. 그만큼 많은 사람이 네이버를 접하고 이용하고 있다고 보면 된다. 네이버에서 보통의 소비자들은 물건을 구매하기 전에 업체가 제공하는 정보에만 의존하지 않고 블로그에서 실제 사용한 후기를 살펴보고 최종 구매를 결정한다.

요즘은 블로그 또한 협찬으로 광고를 하여 신뢰도가 기존 보다 떨어지긴 했지만, 소비자는 본인이 얻고자 하는 정보가 광고라 해도 원하는 정보만 습득이 된다면 구매 결정을 한다. 네이버 블로그는 무궁무진한 발전 가능성과 기회가 열려 있는 시장이다. 저자는 현재 블로그 기획사를 운영하며, 매월 적게는 50만 원, 많게는 수백만 원까지 일정한 수입을 얻는 블로그를 많이 육성하였다. 그러니 하루빨리 변화되는 시장 트렌드에 맞게 리스크가 전혀 없는 온라인상 나만의 상가를 만들어 변화되는 세상에 먼저 가 있어야 한다.

7. 열심히 일하는데 가난해지는 이유

열심히 일하고 돈 버는데 남는 건 없고, 항상 마이너스가 발생하고 있다면 그 이유는 내가 노동을 통해 얻은 돈의 가치가 계속 하락하기 때문이다. 현재 기축통화인 미국 달러나 일본 엔화 등은 재난 상황을 맞을 때마다 수없이 많이 배포되고 있다. 이는 우리나라 돈의 가치가 하락하는 결정적 요인이 된다. 이럴 때 단순 근로소득에만 의존한 삶을 살게 되면 다람쥐가 쳇바퀴를 의미 없이 도는 것과 같이 현실을 변화할 수 없는 구조 속에서 살아가게 된다.

더욱 잔인한 것은 다가올 노후도 준비해야 한다는 사실이다. 통상 노후준비는 경제 활동이 가장 활발한 시기인 30세부터 50세까지 약 20년 동안 해야 한다. 이때 일한 돈으로 50세부터 대한민국 평균수명 90세까지 40년을 먹고살아야 한다. 즉, 20년 동안 일한 근로소득으로 40년 동안 살 수 있는 돈을 만들어야 한다는 것이다. 이는 누구도 피해갈 수 없는 현실이다. 지금 세대를 살면서 자식에게 노후를 의지한다고 생각하는 사람은 없다.

앞으로 40년을 소득 없이 살아야 하니 20년 동안 경제 활동이 가능할 때 벌어들인 돈의 반 이상은 무조건 적금을 해야 한다는 이야기다. 하지만 대개의 직장인 현실을 고려하면 급여의 절반 이상 적금하는 것이 불가능하다. 더구나 노후에 몸이 아프기 시작하면 병원비도 적지 않게 발생 될 수 있어 철저한 노후 대비가 없으면 고통스러워진다. 이 이야기를 애써 외면하거나 받아들이지 않을 수도 있지만 받아들여야만 한다. 누구나 노후는 다가오고 차질 없이 준비하지 않으면 낭패를 볼 수밖에 없다.

예를 들어 몸이 아파 일할 수 없는 상황이나, 회사 구조 조정으로 인해 퇴사하거나 이런 극단적인 상황이 올 수도 있다고 생각은 하는데 '설마~ 그때 일은 그때 생각하지. 사람이 죽으라는 법이 있겠냐? 그때 되면 또 어떻게든 살아져~' 이렇게 이야기하고 어제와 다르지 않은 오늘을 보내게 된다. 그리고 막상 생각만 하던 일들이 현실이 되면 그제야 준비를 하게 된다. 이렇게 무조건 오게 되는 소득 없는 40년을 준비하는 방법은 내가 아닌 나를 대신해서 일해 주는 시스템을 만들어 놓는 길이다.

소비자로만 사는 게 아니라, 본인이 생산자가 되어야 한다는 것이다. 콘텐츠 및 미디어 등을 꾸준하게 생산하여 소비자로 머물지 않고, 안정된 노후를 위해 생산자에 삶을 준비해야 한다는 것이다. 내가 이렇게 이야기하면 반대로 이야기 하는 사람도 있다. "시스템이고, 파

이프 그런 거 잘 모르겠으니 그냥 20년 동안 번 돈을 3분의 2 이상 적금하면 되지 않겠냐?" 이렇게 질문할 수도 있는데 이 이야기도 정답이 될 수도 있다.

하지만 20~30대라면 이렇게 아끼고 절약하는 것도 어느 정도 본인의 경험과 경력에 보탬이 될 수 있지만, 가족을 구성하는 30대부터 50대까지는 수입의 3분의 2 이상 적금을 한다는 게 현실적으로 불가능하다. 만약 그래도 나는 그렇게 적금하며 살겠다고 하면 현재보다 현저하게 삶의 질이 떨어질 수 있다. 그러니 지금부터 지출과 소비에 만족을 찾는 게 아니라, 그 외 자본 시스템을 만들면서 자본소득을 만드는 가치에 만족을 만들어가야 한다.

8. 물고기 말고 물고기를 잡는 배를 선택해야 한다

　질문을 한번 해보겠다. 예를 들어, "물고기 1억 원어치와 1억 원의 물고기를 잡을 수 있는 배가 있다면 무엇을 선택하겠나?" 물어보면, 보통은 1억 원의 물고기를 선택한다. 왜냐면 1억 원의 물고기를 잡을 수 있는 배는 당장 보장되지 않는 불확실성을 갖고 있기 때문이다. 배를 선택한다는 사람도 있겠지만 현실에서는 대부분 물고기를 선택한다. 그렇게 1억 원의 물고기를 받아서 먹거나, 팔아서 없어지면 다시 물고기를 잡으러 나가야 한다. 자신이 배를 능숙하게 다룰 줄 알고, 물고기를 잡을 줄 안다면 배를 선택하기도 하겠지만 배를 다룰 줄 알고, 물고기도 잡을 줄 아는 사람은 많지 않다.

　반면 1억 원의 물고기를 잡을 수 있는 배를 선택하게 되면 당장은 물고기가 없고 힘들더라도 향후 1억 원어치의 물고기를 잡을 수 있는 시스템과 파이프를 만들게 된다. 즉, 평생 수입을 만들 수 있는

평생 수입을 만들 수 있는   자본 시스템을 향하여

자본 시스템이 만들어지게 되는 것이다. 작은 성과를 올려본 사람은 자신감을 느낀다. 하지만 노동을 통한 소득 외의 소득을 올려보지 못한 사람들은 그런 구조를 제대로 이해하지 못한다. 그러나 지금, 이 순간에도 누군가는 파이프라인 작업을 진행하고 있다.

취직하고자 할 때 사람들은 그 회사의 출제 패턴에 맞춰 시험공부를 하고, 그 회사에 대해 많은 것을 알고자 노력한다. 면접을 위해 철저한 준비를 하기도 하고, 가장 적합한 옷차림을 준비하기도 하는 등 아주 정성껏 입사를 위한 준비를 한다. 취직할 때만 그런 노력을 하는 것이 아니다. 제2, 제3의 소득원을 만들기 위한 파이프라인 구축 작업을 할 때도 처음 입사 준비를 할 때처럼 각고의 노력을 기울여야 하는 것은 당연하다.

홑벌이 가정과 맞벌이 가정의 수입은 큰 차이를 보인다. 직장 수입에만 의존해 사는 사람과 직장 외 수익을 계속 개척하며 사는 사람의 수입 차이가 발생하는 것은 당연하다. 내가 일하지 않고 안정적 수익이 발생하는 시스템을 갖추는 일은 홑벌이를 선택할 것인가, 맞벌이를 선택할 것인가의 문제처럼 자신이 판단할 일이다. 하지만 자본주의 사회에서 생존하기 위해 수익을 다변화하는 일은 선택이 아닌 필수가 되고 있다.

그러니 당장의 달콤함에 취해 있지 말고 자본 시스템을 만드는데 집중하면 좋겠다. 도전하든 도전하지 않든 시간은 흘러간다. 기회가 있는 시간에 살 것인지 아무런 희망이 없는 시간에 살 것인지는 본인의 선택에 달려 있다. 자신을 믿고 시도하고 이를 계속 반복하는 습관이 인생을 변화하게 만든다. 지금 편안함과 달콤함을 불편함과 불확실성으로 바꿔 당장 실천하였으면 한다. 불안해하고 한숨만 쉰다고 누가 나를 대신해 내 소득을 올려 주지는 않는다.

9. 부자가 될 것인가, 부자처럼 보이는 사람으로 살 것인가

좋은 외제 차, 값비싼 명품 등을 소유하면서 부자처럼 보이는 데 집중하는 사람이 있다. 이런 사람 중 실제로는 가진 돈이 없으며, 대출과 소비성 지출로 무장한 사람들을 저자는 많이 봐왔다. 반대로 국밥을 즐겨 먹으며, 옷은 늘 똑같이 입고 다닌 사람이 있다. 평범해 보이지만 이런 사람 중 막대한 부자들이 있다. 진짜 부자가 될 것인지, 혹은 부자처럼 보이는 사람으로 살 것인지는 본인이 선택하기에 달려있다. 그래서 부자와 빈자에 대해 3가지 차이점을 이야기해 보겠다.

첫 번째는 부자처럼 보이고 싶어 하는 사람은 길 가다가 젊은 남성이 고급 외제 차에서 내리는 것을 보면 '부모를 잘 만나서겠지.', 혹은 '운이 좋아서겠지. 나는 가난하고, 흙수저라 안되는 거야.' 이런 생각을 한다. 그 젊은 사람이 그 정도 부를 달성하기까지의 노력과

부자가 주는 진짜 행복의 가치

과정은 처음부터 보지 않으려 하고, 화려한 겉모습만 보면서 자신과 비교해 좌절하고, 험담하게 된다. 그러다 보면 점점 더 인생 한방을 추구하게 되고 마냥 부러워하기만 한다.

이런 생각과 심리는 본인을 점점 더 가난하게 만든다는 사실을 깨달아야 한다. 성공한 사람의 겉모습이 아닌 현재까지 성장할 수 있었던 노력의 양을 보기 시작해야 한다. 자수성가한 사람은 끊임없이 실패와 싸워가면서 자신을 개선하고 보완하며, 부를 이룬 것이다. 그러니 SNS, TV, 유튜브 등을 통해 보이는 화려한 사람과 본인을 비관적으로 비교하지 말아야 한다. 그 사람의 노력과 본인의 노력의 양을 먼저 비교해 보아야 한다. 부자가 되는 것은 한순간에 얻는 행운이 아니라, 스스로 만드는 노력의 양에 따라 일구어낸 성과라는 사실을 인정해야 한다.

가난한 사람은 부자처럼 보이려고 노력하고, 진짜 부자는 남에게 보이는 이미지에 집착하지 않고 진정한 경제적 자유를 갈망한다. 우선 가난한 사람이 생각하는 부자에 대한 이미지는 값비싼 외제 차, 명품 의류, 높은 소비력 등이다. 하지만 이것들은 진짜 부자가 되는 것과는 거리감이 있다. 만약 이것이 부의 모든 것으로 판단하고 부자처럼 보이려고 소비력을 높인다면 가난은 더욱 커지게 된다. 진짜 부자는 사랑하는 가족과 언제 어디서든 시간을 보내고 있어도 지속해서 돈이 들어오는 구조를 만드는 사람이다.

회사 출근의 압박, 지출에 대한 압박, 하기 싫은 고된 일의 압박, 이 모든 것들로부터 경제적 자유를 달성하는 것이 진정한 부자이다.

부자처럼 보이기 위해 가짜 부를 쫓는 것보다 부가 주는 진정한 행복을 이해하는 것이 중요하다. 한국인의 허영심은 이미 세계에 소문이 나 있다. 겉으로 부자처럼 보이려는 모방에 진짜 부자들은 코웃음을 터뜨릴 뿐이다. 거짓 부자는 말 그대로 거짓일 뿐이다. 결코, 부러움의 대상이 될 수 없다. 그냥 부자처럼 보이고 싶은 자신의 허영심일 뿐이다.

가난한 사람들은 근로소득만 의존하며, 저축을 통해 천천히 부자가 되기를 기다린다. 회사에 출근해서 매주 5일은 최선을 다해 출근하며, 점심은 도시락으로 해결하고, 월급의 30% 이상은 주식과 연금에 투자하며 부자 되기를 기다린다. 그러면서 소비성 지출도 최대한 절제한다. 즉, 자가용, 여행, 쇼핑 등을 최대한 줄이면서 60세 정년 때까지 인생의 즐거움은 최대한 통제하고 미루게 된다. 미래의 안전을 위해 현재는 가혹하게 통제하며 살게 된다.

이렇게 되면 아무런 준비 없이 노후를 만드는 것보다는 나을 수 있지만, 오늘을 팔아 노후를 얻는다는 것은 무의미할 수 있다. 진짜 부자가 되기 위해서는 본인을 대신해서 돈을 현실적으로 벌어다 줄 시스템을 만들어야 하고, 그 위험을 감안해야 한다. 아무런 리스크 없이 단순하게 세월을 팔아 부자가 되는 것은 현명하지 못한 방법이다. '하이 리스크, 하이 리턴'이란 말이 있다. 위험 부담이 커야 대가도 그만큼 커질 수 있다는 말이다. 이 말의 의미를 잘 새겨 보아야 한다.

부자가 될것인가? 부자처럼 보이는 사람으로 살것인가?
불확실성에 성공이라는 결과가 있다는 것을 잊지 말자.

이렇게 3가지의 가난한 사람과 진짜 부자의 차이점을 이야기했다. 부자로 가는 길은 교묘하게 숨겨져 있다. 4가지 파이프 작업을 저자에 책을 통해 차례로 만들어간다면 가려진 길이 보일 것이다. 차분히 준비해서 완성한다면 그 길 따라 경제적 자유로 갈 수 있을 것이다. 넘어진 사람을 비웃지 말라. 그들은 새로운 도전을 위해 잠시 넘어진 것뿐이다. 불확실성에 성공이라는 결과가 숨어있다는 사실을 잊지 말자.

제3장.
당장 시작하는 스마트 스토어

1. 스마트 스토어
개설 왕초보도 한 번에

스마트 스토어를 운영하고자 한다면 상품을 등록하고 관리할 수 있는 스마트 스토어 센터는 필수적으로 가입해야 한다. 우선 해야 할 일은 네이버 포털 사이트에서 '스마트 스토어 센터' https://sell. smartstore.naver.com/#/sellers/join 를 검색하여 접속하는 일이다. 이후 '판매자 가입하기'를 클릭하여 신규 가입을 진행해 보자. 판매자 유형은 총 3가지로 나뉘게 된다. 사업자 등록 없이 상품을 판매할 수 있는 개인, 사업자로 신고하고 판매하는 사업자 판매자, 해외 사업자 판매 등이다. 각 판매자 유형에 따라 스토어 개설을 위해 준비 서류가 다르다. 그러므로 현 상황에 맞는 가입 루트를 통해 가입해야 한다.

아직 사업자를 만들지 않는 상태라면 개인 판매자로 가입하여, 일정 기간 판매를 경험을 해보는 것도 좋다. 처음부터 무리해서 사업자로 나설 필요는 없다. 특히 직장에 소속돼 있다면 사업자가 되었을 때 발생하는 여러 가지 변수가 존재할 수 있으므로 신중해야 한다. 개인으로 시작해서 추후 사업자로 전향할 수 있으니, 개인으로 해보자. 단, 이미 사업자 개설을 했거나, 기존 온·오프라인에서 판매하던 상품이 있다면 사업자 판매자로 가입해서 진행하면 된다.

가입하면서 가장 먼저 해야 할 중요한 일 중 하나는 스토어 이름을 만드는 것이다. 스마트 스토어 상호는 영어나, 숫자가 들어간 상호보다는 순수 한글 이름으로 설정하는 것이 좋다. 그 이유는 네이버 알고리즘 특성상 각종 키워드 상위 노출 빈도에서 유리하기 때문이다. 스마트 스토어 이름은 가입 완료 후 1회 수정할 수 있다. 그러니, 가게 간판을 정하는 상호는 신중을 기울여야 한다. 스토어의 이름은 오프라인 상점을 개설할 때 간판을 결정한다는 생각으로 신중하게 결정해 보자.

가입 후 스마트 스토어에 로그인하면 센터 메인 화면이 나온다. 메인에서는 본인의 스토어에서 진행되는 모든 결과물을 볼 수 있다. 즉, '판매 현황', '정산 내용', '방문자' 등 실제 운영에 있어 꼭 필요한 정보들이 기재되어 있다. 사업을 시작하면 자주 보게 될 내용이므로, 꼼꼼한 체크가 필요하다. 주된 메뉴는 '상품 관리', '상품 등록' 등이다. 그 외 공지 사항을 확인할 수도 있다. '채널 관리'는 '기획전'이나 '투데이' 등 판매 제안을 할 수 있다. 'SNS 설정 관리'도 추가로 할 수 있다.

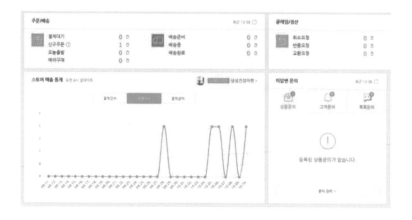

　'판매 관리'는 상품의 판매 및 주문 취소와 CS 문의 등을 관리한다. '정산 관리'는 판매된 상품에 정산 정보를 관리한다. '문의 및 리뷰 관리'는 제공하는 상품에 대한 문의 사항 및 각종 리뷰를 관리할 수 있는 기능이다. '톡 상담 관리'는 7네이버 '톡톡'을 통해서는 소비자와 판매자 간에 소통을 확인할 수 있다. 스마트 스토어 관리 탭에서는 상품 등록을 제외한 '전시관', '디자인' 등을 변경 및 관리할 수 있다. '고객 혜택 관리'는 판매와 동시에 소비자에게 줄 수 있는 혜택 등을 관리한다. 등급, 마일리지, 쿠폰 등을 다양하게 관리할 수 있다.

　통계는 스토어에서 일어나는 판매와 관련된 내용을 표로 확인할 수 있다. '판매자 정보'는 상품 판매를 위한 기본적인 판매자 관련

---

7 네이버 ID기반 무료 채팅 서비스. 사업주와 간편하게 1:1 상담.

정보를 설정할 수 있다. '지식 재산권 침해 관리'는 상품 판매와 관련해서 지식 재산권 침해와 관련된 내용을 확인하고, 소명할 수 있다. '공지 사항'에서는 판매자가 구매자에게 전달하고자 하는 공지 사항이 아닌, 판매자를 위해 네이버 측에서 알린 공지 사항을 확인할 수 있다.

2. 스마트 스토어 판매 과정을 알면 돈을 벌 수 있다

스마트 스토어에 접속하면 가장 많이 보게 되는 것이 '판매 요약 정보'이다. 해당 정보는 판매자가 처리해야 하는 '주문 명세', '기존 처리 명세' 등을 한눈에 볼 수 있다. 해당 기능을 미리 숙지하고 인지하고 있어야 소비자의 패턴을 정확히 파악할 수 있고, 매출을 끌어올리기 위한 전략을 세우는 데 적극적으로 활용할 수 있다. 판매자에게 가장 기본이 되는 정보가 한눈에 펼쳐지는 만큼 수시로 살펴보고 상황을 분석해야 한다.

첫 번째로 '주문'이라는 큰 카테고리 중에 '입금 대기'가 있다. 구매자가 상품 주문 시 무통장 입금 또는 실시간 계좌 이체로 결제를 선택한 후 입금을 하지 않는 상태이다. 주문이 완료되지 않았기 때문에 배송을 준비하거나, 송장을 출력하지 않아도 된다. 해당 입금 대기 건은 신청한 날로부터 영업일 기준 2일이 지나면 자동으로 취소

된다. 단 평균적으로 입금 대기 건은 50% 이상 실제 구매 전환으로 연결된다. 그러니, 미리 주문을 받아 판매하는 방식의 사업자라면 입금 대기가 설정된 품목은 미리 사입을 갖는 것이 빠른 배송을 할 방법이다.

'신규 주문'은 구매자가 장바구니에 넣어 결제하였거나, 혹은 장바구니에 넣지 않고 즉시 결제한 건이다. 이렇게 바로 결제가 들어온 상태라면 재고를 파악하고 배송 준비 상태를 '신규 발주 주문'으로 변경해야 한다. 배송 체크를 하지 않는다면 구매자가 판매자의 동의나 허락 없이 주문 명세를 바로 취소할 수 있기 때문이다. 구매자 중 일부는 이런 점을 잘 알고 손쉽게 취소를 결정하는 사례도 많으니 배송 체크는 바로 하는 것이 유리하다.

'오늘 출발'은 신규 주문이 들어온 상품 중 꼭 당일 출고해야 하는 상품들이다. 판매자가 상품을 등록할 때 오늘 출발이 가능한 상품인지 아닌지 선택 후 등록할 수 있다. 오늘 출발을 선택한 물품인데 당일 출고를 하지 못한다면 발송 지연으로 페널티를 받을 수 있다. 그렇기에 다른 상품보다 '오늘 출발' 상품에 주문이 등록되어 있다면 해당 상품은 필수적으로 당일 출고해야 한다. 소비자는 빠른 배송을 무엇보다 중요하게 여긴다는 점을 꼭 기억해야 한다.

'배송'이라는 큰 카테고리에서 배송 준비 부분에 관해 설명하겠다. 신규 주문이 들어와 '발주 확인'을 하였다면, 배송 준비 단계로 변경된다. '신규 주문'에서 '배송 준비'로 넘어간 주문 건은 판매자가 상품을 준비해 배송한다는 상황을 보여주게 된다. 그러므로 '배송 준비' 중인 상품들은 판매자의 동의 없이 구매자가 일방적으로 취소할 수 없다. 소비자도 이 단계에 이르면 여간해서는 주문 취소를 하지 않는다. 그러니 판매자는 신속하게 '배송 준비' 체크를 해야 한다.

가입 후 첫 주문 안내

첫 주문을 축하드립니다!

첫 주문받으신 판매자님을 위해 기본적인
주문 흐름을 알려드릴게요.

페널티 주의해서 발주확인 및 발송처리 해보세요!

판매자님께 이렇게보여요!		구매자님께 이렇게보여요!	
발주확인 진행	신규주문	결제완료	
발송처리 진행	배송준비	결제완료	
	배송중	배송중	
	배송완료	배송완료	구매확정 진행
구매확정 시 자동 정산 진행	정산예정/오늘정산	구매확정	

'배송 준비' 단계에서 상품의 송장 정보가 시스템에 등록되면 '배송 중' 단계로 변경된다. 송장을 기재하는 순간 고객에게는 '상품 출고' 알림 문자가 전달된다. 해당 단계에서 구매자가 상품의 구매 의사를 취소할 경우 '일반 취소'가 아닌 '반품 취소'로 처리해야 한다.

'배송 완료' 단계에서는 택배 시스템과 연동되어 상품의 배송 상태를 파악할 수 있다. 상품이 구매자에게 배송되고, 배송 완료 처리로 넘어가면 스마트 스토어 계정에서도 '배송 완료'로 표기된다.

이번에는 '취소' 및 '반품' 부분을 소개한다. '취소 요청'은 실제 구매한 고객이 상품에 대해 구매 의사를 취하하려는 경우에 접수된다. 이때 판매자가 '발주 확인'을 하지 않은 '신규 주문'에 대해서는 '취소 요청' 항목으로 들어오지 않고 바로 취소된다. 하지만 '발주 확인'을 한 상품의 경우 판매자의 동의가 필요하기에 '취소 요청' 항목으로 보인다. 현재 상품을 출고하지 않았다면 취소를 할 수 있지만, 이미 출고가 진행되어 송장만 미입력한 상태라면 '취소 요청'을 거부하는 '취소 철회'도 가능하다.

스마트 스토어에 '반품 요청'이 들어오면 우선 반품 사유를 꼭 확인해야 한다. 예를 들어 단순 변심이나, 잘못 주문한 경우는 구매자 귀책사유로 진행되어 스마트 스토어 반품 배송비가 청구된다. 고객의 단순 변심으로 반품을 했을 경우 고객이 왕복 배송비를 부담해야 한다. 반대로 제품에 대한 치명적인 하자 및 파손 등으로 인한 반품은 왕복 택배비를 본인이 부담해야 한다. 또한, 반품된 상품은 수량, 파손 여부 등을 꼼꼼하게 체크 후 반품을 처리해야 한다.

만약 8 위탁 배송으로 상품을 배송하고 있다면 '교환 요청'이 들어올 경우, 당혹스러운 게 사실이다. '교환 요청'이 들어오면 네이버 지

---

8 다른 업체에 배송을 맡겨서 처리.

정 택배사로 자동 '교환 신청'을 하고 일정 시간이 지나면 송장 번호까지 나오는 교환 접수가 진행된다. 위탁의 경우 상품별로 출고지가 다르므로 자동 수거 지시 예외 신청을 해야 한다. 자동 수거 지시 예외 신청 방법은 위탁하고 있는 전 상품의 상세 페이지에 자동 수거가 불가하다는 내용을 공지하여야 한다. 이후 모든 상품에 공지 후 별도로 네이버 고객 센터에 자동 수거 지시 예외 신청을 한다. 스토어 창업 초보자가 당황하는 이유 중의 하나가 바로 이 부분이다. 몰라서 교환 상품이 나올 때까지 자동 수거 지시 예외 신청을 하지 않고 있는 경우가 많다. 그러니, 자동 수거 지시 예외 신청을 통해 빠른 교환 요청을 처리해야 한다.

	결제대기	0 건
	신규주문 ⓘ	0 건
	오늘출발	0 건
	예약구매	0 건
	배송준비	0 건
	배송중	12 건
	배송완료	1 건

클레임/정산   최근 16:20 ↻

	취소요청	0 건
	반품요청	0 건
	교환요청	0 건
	구매확정	1 건

'정산'이라는 큰 카테고리에서 '오늘 정산'을 확인해 보자. 해당 기능은 말 그대로 현재 누적된 스마트 스토어 판매 금액을 사전 등록한 지급 계좌로 별다른 인증절차 없이 정산되는 기능을 말한다. '정산 예정'은 휴일을 제외하고 근무일 기준으로 다음날 정산 받을 금액이다. 향후 정산 받을 금액과 누적 금액을 체크할 수 있는 영역이다. 쌓이는 통장 잔고를 확인하며 사업하는 보람과 재미를 느낄 수 있다.

　'충전금'은 스마트 스토어 판매 대금을 정산 받을 수 있는 예치금 수단이다. 충전금 보유 한도는 제한이 없으며, 최대 보유 기간은 최종 적립, 충전, 사용한 때로부터 5년간 보유된다. 보유 기간이 지나면 자동 소멸하므로, 사용 기간을 꼭 확인하여 미리 출금해야 한다. 참고로 충전금은 정산 대금 입금 계좌로 출금 및 네이버 쇼핑 충전금으로 전환하여 부가 광고를 구매할 수도 있다.

3. 스마트 스토어 판매 관리 페널티 완벽하게 숙지하기

    예를 들어 재고 수량 2개 오차가 발송했다고 하자. 즉, 물량이 없는데 주문이 들어온 것이다. 주문자에게 재고 물량 확보 후 배송한다고 제안했고, 주문자도 OK로 응답했다. 하지만 문제는 네이버 스마트 스토어 판매자 센터에서 주문 후 일정 기간 발송하지 않으면 배송 지연으로 페널티를 받는다는 것이다. 이때는 고객과 단순 협의가 아닌 발송 처리 기능을 통해 고객과 협의 후 환불 처리를 진행해야 한다. 이렇듯 몰라서 페널티가 누적되면 스토어 운영에 지장을 줄 수 있다. '주문', '배송', '클레임 처리' 등 판매 활동이 원활하게 이루어지지 않으면 페널티가 부과된다.

    주문이 들어왔을 때 신속한 응대를 하지 못한다면 페널티 부과 대상이 된다. 그것이 의도적이든 의도적이지 않든 그것은 중요하지 않다. 일단은 페널티가 부과되지 않도록 최대한 주의해야 한다. 주문 신청 시 지연되지 않도록 관리하며, 클레임 요청에 빠른 응대를 처리해야 페널티 부여를 피할 수 있다. 이런 응대 기간이 길어지면 길어질수록 페널티 점수는 더욱 높아지니 꼭 주의해야 한다. 최근 30일 동안 판매 관리 페널티가 10점 이상이며, 판매 관리 페널티 비율^{페널티 점수의 합 / 결제 건수 합}이 40% 이상이면 적발 횟수에 따라 판매 활동이 제한된다.

1. '판매관리 페널티'란?

발송지연, 품절, 클레임 처리 지연 등 판매활동이 원활하게 이루어지지 않을 경우 페널티가 부과됩니다.

· 판관리 페널티 부과 기준

항목	상세 기준	페널티 부여일	점수
발송처리 지연	발송유형별 발송처리기한까지 미발송 (발송지연 안내 처리된 건 제외)	발송처리기한 다음 영업일에 부여	1점
	발송유형별 발송처리기한으로부터 4영업일 경과후에도 계속 미발송 (발송지연 안내 처리된 건 제외)	발송처리기한 +5영업일에 부여	3점
	발송지연 안내 처리 후 입력된 발송예정일로부터 1영업일 이내 미발송	발송예정일 다음 영업일에 부여	2점
품절취소	취소 사유가 품절	품절 처리 다음 영업일에 부여	2점
반품 처리지연	수거 완료일로부터 3영업일 이상 경과	수거완료일 +4영업일에 부여	1점
교환 처리지연	수거 완료일로부터 3영업일 이상 경과	수거완료일 +4영업일에 부여	1점

· 발송유형별 발송처리기한 : 발송유형별로 발송 처리기한은 상이하게 설정됨

ex. 일반 발송 상품 : 결제완료일로부터 3영업일/ 오늘 출발 상품 : 오늘 출발 결제시한까지 결제 시 결제완료

[발송처리 지연 페널티 예시]

월요일 (2/1)	화요일 (2/2)	수요일 (2/3)	목요일 (2/4)	금요일 (2/5)	토요일 (2/6)	일요일 (2/7)	월요일 (2/8)
발송처리 기한	발송지연 페널티 +1점			발송처리기한 +4영업일			발송지연 페널티 +3점
		미발송					

1단계 '주의'

최근 30일 동안 스마트 스토어의 페널티 점수 합산이 10점 이상 되며, 판매 관리 페널티 비율이 40% 이상이 최초로 발생한 상태이니 주의해야 한다.

2단계 '경고'

'주의' 단계를 받은 판매자 중 최근 30일 동안 스마트 스토어의 페널티 점수의 합이 10점 이상이고, 판매 관리 페널티 비율이 40% 이상인 경우이며, '경고' 단계를 받은 날로부터 7일간 신규 상품 등록이 금지된다. 스마트 스토어 센터 물품 등록 및 9 API 연동을 통해 신규 상품 등록이 금지된다.

3단계 '이용제한'

'경고' 단계를 받은 판매자 중 최근 30일 동안 스마트 스토어의 페널티 점수의 합이 10점 이상이고, 판매 관리 페널티 비율^{판매 관리 페널티 점수의 합 / 결제 건수의 합} 이 40% 이상인 경우이며, 스마트 스토어 이용 정지 처리되어 판매 활동 및 정산이 제한된다. 스마트 스토어 센터 메인 화면에서도 판매자가 받은 페널티를 확인할 수 있으니, 수시로 체크하여 추후 페널티 단계별 제재를 주의해야 한다.

---

9 운영 체제와 응용 프로그램 사이의 통신에 사용되는 언어나 메시지 형식.

· **판매관리 페널티 단계별 제재**

판매자 단위로 최근 30일간 판매관리 페널티가 10점 이상이며,
판매관리 페널티 비율(판매관리 페널티 점수의 합/결제건수의 합)이 40% 이상인 경우에는 적발 횟수에 판매
활동이 제한됩니다.

| 1단계 주의 | 2단계 경고 | 3단계 이용제한 |

1단계: 주의

최근 30일 동안 스마트스토어의 페널티 점수의 합이 10점 이상이며,
판매관리 페널티 비율(판매관리 페널티 점수의 합/결제건수의 합)이 40% 이상이 최초로 발생된 상태이니
주의해주시기 바랍니다.

2단계: 경고

'주의'단계를 받은 판매자 중 최근 30일 동안 스마트스토어의 페널티 점수의 합이 10점 이상이고,
판매관리 페널티 비율(판매관리 페널티 점수의 합/결제건수의 합)이 40% 이상인 경우이며 '경고'단계를 받은
날로부터 7일간 신규 상품 등록이 금지(스마트스토어센터 및 API 연동을 통한 신규 상품 등록 금지) 됩니다.

3단계: 이용제한

'경고'단계를 받은 판매자 중 최근 30일 동안 스마트스토어의 페널티 점수의 합이 10점 이상이고,
판매관리 페널티 비율(판매관리 페널티 점수의 합/결제건수의 합)이 40% 이상인 경우이며 스마트스토어
이용정지 처리되어판매 활동 및 정산이 제한됩니다.
판매 활동 및 정산이 제한됩니다.

4. 스마트 스토어 판매자 등급 및 굿 써비스 기준

    스마트 스토어 판매 등급이란, 스토어 판매자의 거래 규모에 따라 구간별로 나누어진 등급이다. 등급은 1~5등급으로 분류하며, 처음 가입 시 '씨앗' 등급부터 시작하며 '새싹' 100건 미만, 판매 금액 200만 원 미만, '파워' 300건 이상, 판매 금액 800만 원 이상, '빅 파워' 500건 이상, 판매 금액 4000만 원 이상, '프리미엄' 2000건 이상, 판매 금액 6억 원 이상, '플래티넘' 10만 건 이상, 판매 금액 100억 원 이상 순으로 상승한다. 선정은 3개월 누적 구매 확정 데이터를 기준으로 한다. 환불 등은 포함되지 않는다.

    한 고객이 동일 제품을 여러 수량을 구매했더라도 1건으로 집계가 된다. 등급은 매월 2일에 3개월 누적 데이터를 합산하여 등급이 자동으로 선정된다. 판매자 등급별로 등록 가능한 상품 한도 및 노출되는 아이콘은 모두 다르다. 특히 '아이콘'은 스토어 내에서 방문자가 확인할 수 있도록 노출되므로, 최종 구매 전환에 영향을 미칠 수 있다. 상품 등록 한도는 '새싹'과 '씨앗' 등급은 1만 개지만 '파워' 등급부터는 5만 개까지 등록할 수 있다. 여기서 '프리미엄' 및 '플래티넘' 등급은 '굿 서비스' 조건까지 충족해야 한다.

'굿 서비스'는 1개월간의 통계를 바탕으로 매월 2일 산정된다. 구매자들의 만족도가 높은 쇼핑몰이라는 것을 네이버가 인증해주는 것이다. '굿 서비스' 아이콘 표시는 고객과의 신뢰를 나타낸다. 매월 갱신되는 것이기 때문에 굿 서비스 아이콘을 받으려면 꾸준한 스토어 관리가 필요하다. 참고로 '굿 서비스'를 받지 못한다고 해서 스토어 운영에 큰 문제가 생기지는 않는다.

※ 굿 서비스 관련 이미지 참조 ※

등급 산정 기준 안내

판매자 등급	굿 서비스	상품등록 한도

판매활동에 대한 아래 서비스 조건을 모두 만족하는 판매자님께 부여됩니다.
사용자들이 믿고 구매할 수 있도록 네이버 쇼핑 및 스마트스토어 판매자정보 영역에 아이콘이 표기됩니다.

기준	상세
구매만족	리뷰 평점 4.5 이상
빠른배송	영업일 2일 이내 배송완료가 전체 배송건의 80 이상
CS응답	고객문의 1일 이내 응답이 90% 이상 (판매자 문의 기준, 상품 문의 제외)
판매건수	최소 판매건수 20건수 이상 (구매확정 상품주문번호 기준, 직권취소 제외)

· 산정기간: 최근 1개월 데이터
· 굿서비스 업데이트 주기: 매월 2일

5. 스마트 스토어
리스크 없이 위탁 배송으로 시작하자

오프라인 상권은 비싼 임대료 및 관리 비용을 부담하고 사업하는데 그만큼 어려움이 뒤따른다. 그렇다고 온라인으로 사업을 한다고 해서 비용이 발생하지 않는 것은 아니다. 홈페이지 구축부터 광고 비용 등을 부담해야 한다. 관리 비용과 광고 비용이 증가하면 판매 상품 단가가 높아질 수 있어 이 또한 악순환의 연속이 될 수 있다. 그러니 이들 비용을 적절히 조절하는 것은 스마트 스토어를 운영하는데 중요한 요소가 된다. 광고 비용은 많이 투입하면 좋은 성과가 나올 수 있지만, 수익을 고려하며 투자해야 한다.

하지만 스마트 스토어는 '네이버 페이', '독립적인 운영 페이지', '호스팅' 등을 이용하면 아주 적은 비용으로 간단하고 빠르게 진행할 수 있다. 그래서 사업자나, 본업을 하면서 투잡으로 수익에 창구를 다변화하고 싶어 사람들이 많이 선호한다. 또한, 위탁 배송을 하게 되면 제품 사입, 사무실 임대료, 배송비 등에 리스크가 없어 본인의 노력만으로도 충분히 부가 수익을 창출할 수 있다. 비용을 줄이고 판매를 높여야 수익이 그만큼 커지는 것은 당연하다.

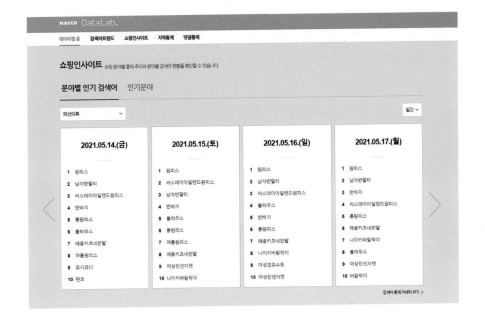

하루에 꾸준히 1시간에서 2시간 정도 투자하면 충분히 수익화할 수 있으며, 블로그 및 카페 채널과 같은 방식으로 상품에 누적 판매수 및 후기가 쌓여 상위 노출이 가능하고 판매가 늘어날 수 있다. '요즘 스토어 창업이 확산하면서 후발 주자인데 지금도 가능할까?', '내가 할 수 있을까?' 이런 생각을 하는 이들이 많다. '세상이 불공평해서 실패하는 것이 아니라, 내가 성공하려고 노력하지 않아서 실패하

는 것이다.'라는 말이 있다. 절대로 늦지 않았다. 지금이라도 체계적인 계획을 세우고 꾸준히 노력하면 본인마다 원하는 목표의 수익을 올릴 수 있다.

그러기 위해서는 초반 스토어 창업을 가장 단출하게, 무자본으로 시작해야 한다. 여기서 장기간 스토어를 운영할 수 있는 원동력이 만들어진다. 그러기 위해서는 남들보다 빠르게 경쟁력 있는 상품과 가격을 구성해야 한다. 이를 위해 도매처를 상시 방문하여 소비력이 있는 제품을 조달해야 한다. 도매처는 다양하게 있다. '도매꾹', '도매토피아', '오너클랜', '도매포유' 등을 비롯해 다양하게 있다. 자주 방문하는 만큼 양질의 물건을 염가에 구매할 기회가 그만큼 많아진다.

그러니 매일 꾸준한 모니터링으로 킬러 제품을 상시로 조달해야 한다. 도매 업체에서 실시간으로 올라온 상품을 먼저 조달하여 판매 가능하므로 시즌 상품 및 경쟁력 있는 상품을 다른 판매자보다 빠르게 등록하는 것도 팁이 될 수 있다. 매일 1~3개 사이로 꾸준히 상품들을 등록함으로써 상품들이 누적되어 동시다발적인 판매력을 만들 수 있고, 추가 연계되는 상품도 판매할 수 있게 된다. 오프라인 매장과 마찬가지로 부지런히 움직여야 값싸고 질 좋은 상품을 구입할 수 있다.

또한, 시즌별, 이슈별, 계절별 사람들이 검색하는 아이템도 다양하다. 그것을 인지하기 위해서는 네이버 검색 광고 시스템에 있는 '도구' 탭을 이용하여 약 1달에서 2달 사이에 시즌 상품을 미리 조달하여 빠르게 선점 후 매출을 만들어야 한다. 그런 아이템을 선정하는 방법은 네이버 검색 광고에서 제공하는 키워드 분석 도구를 이용하는 것이 일반적이다. 검색 도구 활용 방법은 네이버 메인 페이지 하단 '비즈니스 광고' 탭을 클릭하여 검색 광고 영역으로 넘어와 손쉽게 가입할 수 있다.

이후 네이버 광고 로그인 후 오른쪽 '광고 시스템' 탭을 클릭하고 상단 '도구' 탭에, 키워드 도구를 클릭하여 원하는 키워드에 PC 및 모바일 조회 수, 남성과 여성의 비율을 전체적으로 확인할 수 있다. 또한, 상세 정보 보기로 매월 조회 수 증가 추이를 확인할 수 있어, 시즌이 언제 오는지 혹은 비수기가 언제 있는지를 10빅 데이터를 통해 현실적으로 확인할 수 있다. 추가로 네이버에서 제공하는 11'데이터 랩'을 통해 현재 이슈가 되고 있는 카테고리별 키워드를 확인하면 상품 조달 선정에 도움이 된다. 그 외 구글 트렌드를 통해 전 세계 사용자의 더 광범위한 키워드를 확인하여 미리 이슈화되는 상품을 찾아 조달하는 것도 좋은 방법이 될 수 있다.

---

10 기존 데이터보다 너무 방대하여 기존의 방법이나 도구로 수집/저장/분석 등이 어려운 정형 및 비정형 데이터들을 의미.
11 네이버에서 이슈가 되는 키워드들을 분야별로 보여주는 것.

6. 스마트 스토어
SEO를 통해 상위 노출 노하우

처음 스토어 창업 시 광고 비용을 무한정 집행하기 어려우니, 상위 노출이 될 수 있도록 상품을 등록하는 과정이 중요하다. 우선은 상품 이미지 등록을 잘해야 한다. 대개 사업자는 도매 업체가 제공하는 이미지를 통째로 따다가 사용한다. 이 경우 스토어 등급이 저하될 수 있으니, 블로그 포스팅처럼 희망 키워드 자연스러운 반복과 텍스트 형태에 이미지로 개별 작업을 해야 한다. 이런 면에서 블로그 운영 경험이 있는 판매자가 온라인 판매에서 유리하다.

제목 작업을 할 때도 금액이나 할인 등을 남발하여 만드는 경우가 종종 있다. 이런 식으로 제목을 구성하면 [12]네이버 알고리즘 특성

---

[12] 블로그의 신뢰를 평가하는 기준으로 맥락, 내용, 연결된 소비, 생산의 요소를 종합적으로 계산함.

상 왜곡 행위로 간주하여 노출이 저하될 수 있다. 그러니 신중에 신중을 기해야 한다. 제목은 주력 상품 키워드 1개, 주력 키워드를 받쳐줄 서포트 키워드 1~2개 정도로 구성하며, 20자 내외로 짧게 팩트만 기재하는 것이 좋다. 추가로 '썸네일' 인터넷 홈페이지나 전자책 같은 컴퓨터 애플리케이션 따위를 한눈에 알아볼 수 있게 줄여 화면에 띄운 것 은 딱 상품 이미지만 나와 있는 소재 3장 이상이 등록되어야 한다.

보통 본인이 판매하고 하는 제품에 공정이나, 부과 이미지를 '썸네일'에 등록 남발하는 때도 있다. 이럴 때 네이버 로봇이 다른 카테고리를 분류하여 원하는 상품에 노출이 블라인드 될 수 있으니 주의하여 등록해야 한다. 상품 등록 시 간단한 30초 미만 영상을 제작하여 상품 이미지를 구성하면 지수 상승에 도움을 줄 수 있으니, 간략하게라도 제작하여 올려보기를 권한다.

종합적으로 스마트 스토어 상위 노출은 적합도, 인기도, 신뢰도 순으로 적용된다. 해당 3가지 기준에 대해 간략하게 알아보자.

첫 번째 '적합도'

이용자가 찾고자 하는 정보에 적합한 상품인지 판단하는 상품 검색 알고리즘 요소로 상품명, 카테고리, 제조사, 브랜드, 속성, 태그 등을 기준으로 적합도가 산출된다. 상품의 기본적인 정보와 연관도가 높을수록 설정한 카테고리에 우선 노출될 수 있다.

두 번째 '인기도'

판매 상품을 얼마나 많은 사람이 찾고 얼마나 많은 판매가 이루어 지는지 판단하는 상품 검색 알고리즘이다. 상품 클릭 수, 판매 수, 구매 평 수, 찜 수, 그리고 얼마나 신규로 등록되었는지를 나타내는 최신성을 기준으로 인기도가 반영된다.

세 번째 '신뢰도'

해당 상품의 정보가 이용자에게 신뢰를 줄 수 있는지를 판단하는 상품 검색 알고리즘 요소로 네이버 쇼핑 페널티, 상품명 SEO 등의 요소를 통해 산출되게 된다. 참고로 여기서 말하는 네이버 쇼핑 SEO는 상품명 검색 시 상위 노출되도록 최적화하는 것이다. 해당 내용을 숙지하여 무료로 상위 노출되는 기술력을 습득해 보자.

7. 스마트 스토어 가격 비교 매칭 상위 노출 노하우

스마트 스토어 SEO Search Engine Optimization : 검색 엔진 최적화 작업으로 상위 노출을 작업했다면, 추가로 가격 비교 매칭 서비스를 통해 상위 노출 작업을 해야 한다. 가격 매칭은 소비자들이 상품을 구매할 때 최저가로 구매를 할 수 있도록 도와주는 서비스이다. 온라인에서는 같은 상품들이 많이 등록되어 있고, 같은 상품이라도 가격이 천차만별이기 때문이다. 네이버에서 실제 고객들이 좀 더 저렴하게 상품을 구매할 수 있도록 가격 비교라는 서비스를 만들었다고 생각하면 된다.

스마트 스토어 가격 비교 매칭을 하려면 우선 '가격 비교' 카테고리에서 내가 판매하는 상품과 같은 상품이 있는지를 체크해야 한다. 또한, 같은 상품이 있더라도 등록해 있는 여러 가격 사이에서 가격 경쟁을 할 수 있는지도 필수로 체크해야 한다. 일부 상품 중에는 말도 안 되게 저렴한 가격으로 가격 비교 매칭을 하는 경우가 있다. 이것은 적자를 보더라도 판매량을 늘려 택배 역마진을 챙기려는 목적이다. 정말 순수히 그 가격을 하더라도 이윤이 남아서 저렴하게 가격을 측정하는 때도 있다. 가격 비교 매칭을 할 때는 공급받는 상품의 원가와 수수료 등을 잘 확인하여 손익 분기점을 체크해야 한다.

스마트스토어 가격비교 매칭방법

01 스토어 로그인	02 상단 스토어센터 클릭	03 상품관리	04 상품현황 관리	05 정상적인 가격비교 매칭

스마트 스토어 가격 비교 매칭 방법은 '스토어' 로그인 → 상단 '스토어 센터' 클릭 → '상품관리' → '상품 현황 관리' 순으로 클릭하면 된다. 이후 가격 매칭 요청을 클릭하면 네이버에서 검수 후 가격 비교 매칭을 하려는 상품과 나의 상품이 같다고 확인이 된다면 승인이 나고, 정상적인 가격 비교 매칭이 진행된다. 경쟁자의 가격을 파악하는 것은 무엇보다 중요하다. 소비자는 가격에 매우 민감하기 때문이다. 같은 상품을 더 비싼 가격에 구매할 소비자는 세상 어디에도 없다. 가격 경쟁력을 갖는 것이 무엇보다 중요하다.

위탁배송

[스마트스토어 가격대비
자체생산의 중요성]

가격 비교 매칭의 경우 자체 생산을 하고 있어, 경쟁력이 있다면 최저가 등록으로 추가 트래픽 Traffic : 일정 기간 전송한 데이터의 총량 및 구매력을 만들어가면 된다. 가격 매칭 서비스가 필요 없는 경우이다. 하지만 중간 유통을 하는 셀럽 Celebrity : 유명인을 뜻하는 셀러브리티의 줄임말 이거나, 위탁 배송을 하고 있다면 현재 판매처가 많이 등록된 상품이나, 가격 비교가 많이 들어간 상품을 도매 사이트에서 적정 단가에 찾아야 한다. 최저가를 노출하고 통화량을 받을 수 있도록 작업해야 한다. 이율이 높지 않기에 패키지 구성으로 수익을 높이는 작업을 해야 한다.

예컨대 마우스는 중간 이윤이 없지만, 마우스와 같이 판매 가능한 마우스 패드, 키보드, 모니터 받침대 등을 묶어서 추가 중간 이윤을 만들 수 있게 해야 한다. 위탁 배송의 경우 많은 이윤을 만들지 못하니 가격 비교 매칭 전략을 할 때 상품을 보는 시각과 해당 제품을 연계해서 판매력을 높일 수 있는 패키지 구성을 해야 한다. 지속해서 연습과 실천으로 실력을 늘려나가야 한다.

또한, 카테고리 선정은 중요한 항목이다. 여기서 주의할 점은 대분류 카테고리는 변경이 불가하므로, 대분류 카테고리를 잘못 지정했다면 상품을 삭제하고 다시 등록해야 한다는 점이다. 조금 전에 잘못 등록한 상품이라면 그냥 삭제하고 등록하면 된다. 그러나, 잘못 등록한 상품을 고객이 구매하고 리뷰까지 올렸을 경우 재등록 과정에서 등록된 리뷰와 구매 건수가 다 없어질 수 있다. 그러니, 판매자 주관적인 생각으로 설정하기보다는 판매하고 하는 제품에 대표 키워드를 검색하고 최상단에 노출하는 스토어가 설정한 카테고리로 선정하여 등록해야 한다.

그 외 스마트 스토어 상위 노출 중 제일 중요한 요인은 리뷰 개수, 클릭률, 최저가 가격, 상품 이미지 및 설명 내용 등으로 결정된다. 그러니 위의 내용을 충실히 지키면서 본인의 몰을 키워나가야 한다. 절대 어뷰징 Abusing : 한 사람이 다른 여러 IP나 ID로 조회 수를 올리는 행위 을 통해 결제 및 후기 수량을 작업하는 행위는 하지 않아야 한다. 페널티 조항에서 가장 엄격하게 다루는 것이 불법 트래픽, 구매 건수 및 후기 조작 등이다. 스토어 전체가 날아갈 수 있다. 진정성을 갖고 차근차근 스토어 사업을 진행해야 한다.

8. 스마트 스토어 검색 알고리즘을 파악하라

상품 등록 및 정산 등 스마트 스토어에서 기본 세팅을 모두 진행하였다면, 최대한 많은 소비자에게 등록된 상품들을 잘 보일 수 있도록 배치하는 것이 중요하다. 즉, 상위 노출을 통해 최대한 많은 소비자를 유입시키는 것이 중요하다. 상품은 등록되어 있는데 판매되지 않는다면 가장 먼저 스토어 점검이 필요하다. 가장 많이 테스트해 보는 것이 오늘 등록한 상품이 상단 노출되는지 여부이다. N쇼핑 검색창에 키워드를 검색하여 확인해 본다. 그럼 당연히 노출이 안 되는 것을 확인할 수 있다.

상품 등록 후 최소 6시간 이상 지나야 데이터가 누적되며, 다음 날 순위권 진입 여부를 검토해 볼 수 있다. 만약 1~2일 동안 전혀 노출되지 않는다면 검색 키워드를 조금 더 세밀하게 구성해야 한다. 만약 등록한 상품의 키워드가 장난감이라면 검색창에 장난감 키워드

만 입력한다면 노출 여부를 확인하기 어렵다. 이럴 때는 스토어명 +
키워드 혹은 부가 설명 + 키워드를 같이 검색해야 노출 순위를 확인
할 수 있다.

여기까지 검색을 하는데도 노출이 안 된다면 가격 매칭 서비스
등록을 제대로 설정한 것인지 검토해야 한다. 상품 상위 노출은 매
출과 직결된다. 노출 순위에 따라 판매량과 매출이 달라지기 때문이
다. 매 상품을 등록할 때마다 어떻게 하면 상위 노출이 될지 고민하
는 것이 익숙해져야 한다. 상위 노출은 단순 상품 등록만으로는 반영
되기 어렵다. 판매자의 가장 중요한 감각이 여기서 발휘되기도 한다.
연구하고 분석해 상위 노출을 끌어내야 한다.

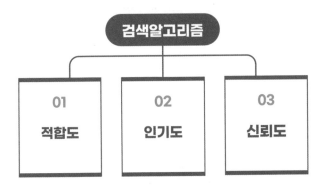

검색 알고리즘 Algorithm : 어떤 문제를 논리적으로 해결하기 위한 절차, 방법, 명령어들
의 집합 은 '적합도', '인기도', '신뢰도'의 총 3가지 항목을 기준으로 상
위 노출 여부가 결정된다. 이 중 한 가지만 열심히 했다고 상위 노출

이 반영되지 않는다. 인기 항목의 판매 실적, 클릭 수, 찜 수가 적다면 해당 상품은 상위 노출되지 않는다. 반대로 인기 항목에 점수는 높지만, 적합도의 상품명, 카테고리, 속성 태그 등 현저하게 떨어진다면 이 또한 상위 노출이 어렵다. 그래서 적합도 상품명, 카테고리, 제조사 및 브랜드, 인기도 클릭 수, 찜 수, 판매 실적, 리뷰 수, 신뢰도 SEO, 페널티 점수 등 각각의 항목을 최대한 반영하며, 신중하게 상품을 등록하는 것이 중요하다.

SEO 검색 상위 노출 3가지 사항에 대해 좀 더 자세히 이야기해 보겠다. 첫 번째 '적합도'는 '상품명', '카테고리', '브랜드' 제조사, '속성 태그' 등 4가지 항목으로 구성되며, 검색 로직에 얼마나 잘 적응되어 있는지를 체크 한다. 해당 상품의 정보가 어떤 필드 연관도가 높은지, 검색어에 관련해서 어떤 카테고리 선호도가 높은지를 반영한다. 여기서 '필드 연관도'란 검색어가 삼성전자면 삼성전자는 브랜드 유형으로 인식이 된다. 상품명에 삼성전자가 기재되어 있는 것보다는 브랜드에 삼성전자를 입력하여 매칭하는 것이 우선 노출된다.

또한, 카테고리 '선호도'는 원피스라는 검색어의 경우 여러 개 카테고리 상품이 검색되지만, '패션 의류' → '여성 의류' → '원피스' 카테고리의 선호도가 아주 높게 나온다. 검색 알고리즘은 해당 카테고리의 상품을 먼저 보여줄 수 있게 추가 점수를 주게 된다. '인기도'는 내 상품이 가질 수 있는 '클릭 수', '판매 실적', '구매 평 수', '찜 수', '최신성' 등의 고유한 요소를 카테고리 특성으로 고려하여 인기도를 반영한다.

01	02	03
적합도	**인기도**	**신뢰도**
사용자의 질의 의도에 적합한 상품 **모두 찾고!**	찾는 사람이 많고 판매가 많이 되는 상품 **먼저 보여주고!**	상품정보가 신뢰할 수 있는 상품 **올려주고 밀어내고!**
상품명 카테고리 속성태그 제조사 브랜드	클릭수 판매실적 구매평수 최신성	네이버 쇼핑 페널티 혜택 상품평 SEO 이미지 SEO

1. 클릭 수

최근 7일 동안의 쇼핑 검색에서 발생하는 상품의 클릭 수를 지수화한다.

2. 판매실적

최근 2일 7일, 30일 동안 쇼핑 검색에서 발생하는 상품의 클릭수를 지수화한다.

3. 판매실적

최근 2일, 7일, 30일 동안 쇼핑 검색에서 발생한 판매 수량과 판매 금액을 지수화한다. 스마트 스토어의 판매 실적과 리뷰 개수는 네이버 페이를 통해서 자동 연동 되며, 부정 거래가 있으면 페널티가 부여되니, 참고해야 한다.

4. 신뢰도

네이버 쇼핑 페널티, 상품명 SEO 등의 요소를 통해 해당 상품이 이용자에게 신뢰를 줄 수 있는지를 산출하여 신뢰도를 반영한다. 네이버 쇼핑 페널티는 '구매 평' '판매 실적' '어뷰징' '상품 정보' 등에 대한 '상품' '몰' 단위 페널티 점수를 기반으로 한다. 상품명은 SEO 스토어 상품명 가이드라인을 벗어난 상품에 대한 페널티가 부여된다. 상품명을 만들 때 가이드라인이 있으니, 참고하며 상품 등록 시 재차 확인해야 한다.

9. 스마트 스토어
실패하는 이유, 재무적 사고의 중요성

스마트 스토어 개설 후 '상품 조달' 및 '상세 페이지'를 최선을 다해 운영하는데도 지속해서 발전이 없고, 일만 많아졌다면 판매 행위를 일단 멈추고, 현재 사업을 재정비해야 한다. 예를 들어 스크린 골프를 하는데 처음에는 하루가 다르게 실력이 늘어나는 게 보이면서 재미있게 골프를 치기 시작한다. 하지만 어느 순간 실력이 더는 늘지 않고 멈추게 된다. 그러면 자세를 교정하여 정밀한 타격을 해야 한다. 하지만 그 자세가 몸에 익지 않고 자꾸 옛날 습관들이 나오게 된다.

그러면서 그냥 현실에 안주하게 되고 포기한 상태로 골프를 치게 된다. 그러면 더는 실력은 늘지 않는다. 골프 실력을 끌어올리기 위해서는 지루하고, 재미없는 과정을 이겨내야 한 단계 더 발전할 수 있게 된다. 하지만 대부분 사람은 그런 과정을 겪는 것을 싫어하며,

재무적 사고의 중요성!

발전 없는 상태로 계속 사업을 진행한다. 현재 어떤 일이든 최선을 다해 열심히는 하는데 성과가 없다면 잠시 하던 일을 멈추고 무엇 때문에 본인의 발전이 느린 것인지 찾아서 해결해 나가야 어제보다 나은 오늘을 만들 수 있다.

　최근 TV 방송 중에 음식점 전문가 백종원이 요식업을 멘토링 해주는 프로그램을 본 적이 있다. 내가 본 내용은 토스트를 파는 푸드트럭이었다. 소비자들은 그 토스트를 먹고 맛있다고 호평을 쏟아냈다. 그래서 토스트를 파는 사업주는 백종원에게 "그럼 바로 팔아도 문제가 없는 거죠?"라고 물어보니 백종원이 당당하게 "안 돼요!"라고 단도직입적으로 이야기하였다. 토스트 업주는 '다들 맛있다고 하시는데 왜 그런 거지?'라며, '방송이니까 어떻게든 꼬투리를 잡으려고 하는구나.'라고 생각하는 것 같았다.

　그때 백종원이 이런 이야기를 했다. "혹시 하루에 몇 개를 팔아야 만족하는 장사입니까?" 토스트 업주는 "한 번도 준비해온 물건을 다 판 적이 없어서 생각해 보지 않았다."라고 이야기를 하니 백종원이 제시했다. "그러면 80개 정도 팔면 만족하겠습니까?"라고 물어보니 그는 "한 번도 팔아보지 못한 수치."라고 말하면서 "아! 그 정도 팔았으면 좋겠다."라고 이야기를 했다.

　일평균 8시간 일을 한다고 가정하고 개당 6분에 판매를 해야 하는 수치였다. 기존에 토스트를 만들고 판매하는 데 걸리는 시간은 15분이었다. 자연스럽게 공정 전체를 변경해야 한다는 결론에 이르렀다. 80개를 판매한다고 계산을 해보니 재료비와 인건비 제외하고

9만 원밖에 남지 않았다. 한 달 내내 주말과 휴일을 쉬지 않고 매일 8시간씩 토스트를 최대한 판다고 가정하면 일 9만 원씩 30일 270만 원을 벌게 된다는 계산이었다.

현실적으로 최다 판매를 못 하고 약 60% 정도 판매한다고 잡으면 160만 원도 벌기 힘들다는 결론에 도달했다. 이러면 아르바이트는 당연히 못 쓰게 된다. 그래서 백종원이 말하기를 "이 사업은 수익성이 없다."라고 하니 업주는 그제야 고개를 끄덕이며 상황을 수긍했다. 음식도 맛있고 사장님도 열정이 있지만 가장 중요한 수익성을 제대로 계산하지 못한 것에 대해서 지적을 해준 것이다. 이 업주는 가장 기본적인 수익에 대해 계산을 하지 못하고 사업을 시작한 것이다.

이처럼 재무적 사고가 없다면 일은 열심히 하고 소비자들로부터 나름대로 인정도 받는데 수익을 창출하지 못한다. 본인은 열심히 일하고 상품도 좋은 평가를 받는데 자꾸 가난해지는 이유가 된다. 그러니, 무슨 일을 하든 결과물에 확실한 보상이 되는지를 자세히 검토하고 업무에 임해야 한다. 단기적인 성과물과 이익 때문에 본인의 눈에 안대가 씌워지며, 가장 중요한 장기적인 수익에 가치를 보지 못하게 된다는 이야기다.

지속해서 수레바퀴 같은 인생을 살고 있다면 하던 일을 전부 멈추고, 장기적이고 지속적인 이익을 위해 단기적인 이익을 포기할 줄 알아야 한다. 그렇게 재무적 사고를 키워가면서 스마트 스토어 사업을 병행했으면 한다. 장사든 사업이든 이익을 창출하는 것을 목적으로 한다. 장사는 봉사가 아니다. 그러니 재무적 사고를 키워 정확한 수지 분석을 하고 이를 기반으로 장기적 관점에서 사업 플랜을 작성해야 한다.

제4장.
블로그에서 답 찾기

1. 블로그 운영만으로 요식업 프랜차이즈 대표가 되었다

'대장TV' 멘티들을 비롯해 나의 수많은 온·오프라인 교육생 중에 온라인에서 상가를 만들어 매월 50만 원부터 많게는 500만 원 이상까지 임대 수익을 만들어 내는 이들이 있다. 한 명의 멘티 사례를 이야기하겠다. 철수^{가명}라는 30대 평범한 회사원이 있었다. 이 사람은 1주일에 라면을 3번 이상 먹는 라면 마니아였다. 그는 매일 먹는 라면이 지겨워지면 라면에 여러 식재료를 넣어 퓨전 요리를 하는 것이 취미였다. 어느 날은 라면에 해삼을 넣기도 하고, 된장을 넣기도 하고, 쌈장과 설탕 등을 추가하기도 하였다. 이렇게 다양한 방법으로 라면을 먹기 시작했다. 하지만 그는 레시피를 적어 놓지 않아 맛있게 끓였던 라면을 다시 먹기가 어려웠다. 그래서 레시피를 기록하기 위해 온라인 블로그를 만들어 매번 퓨전 라면 레시피를 소개하였다.

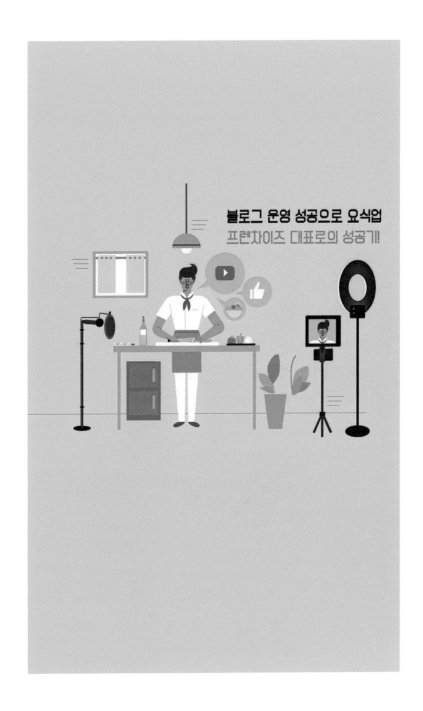

블로그 운영 성공으로 요식업
프렌차이즈 대표로의 성공기!

그러던 어느 날 블로그 방문자가 급증하였고, 댓글 또한 수없이 달리는 현상이 생겨났다. 철수 씨는 그냥 레시피만 기록해 놓은 것인데 이것이 온라인에 있는 수많은 불특정 다수에게 노출된 것이다. 블로그 방문자들은 "소개한 레시피 대로 라면을 끓여 먹으니, 너무 맛있다. 어떻게 이런 기발한 생각을 한 것이냐? 최고다. 꼭 블로그 운영자분이 끓여주는 라면을 먹고 싶다."라는 댓글을 쏟아냈다. 본인은 상상하지도 못한 폭발적 반응이 이어졌다.

세상 사람들의 뜨거운 반응에 자신감을 느끼기 시작한 철수 씨는 매일매일 새로운 라면을 만들어 레시피를 블로그에 올려 이웃과 소통하였다. 그러던 철수 씨는 어느 날 집 앞 작은 상가가 공실로 있는 것을 보고 이 상가에서 라면을 팔아보겠다는 결심을 했다. 이후 그는 라면집을 개업하여 본인의 블로그에 홍보하니, 다양한 블로그 이웃들이 너도나도 방문하여 라면을 팔아주었다. 자신도 이런 일이 일어날 것이라고 예상을 하지 못했다.

하지만 오전에는 장사가 잘되지 않았다. 아침부터 라면을 먹는 것이 부담스러운 것이었다. 그래서 오전을 브레이크 타임으로 설정하고, 직접 라면 만드는 방법을 교육하는 시간으로 설정하였다. 이후 블로그 이웃들에게 공지하니 블로그 이웃들이 너도나도 이러한 내용을 퍼 나르기 시작해 공간이 좁아 더는 못 받을 정도로 수강생이 넘쳐났다. 1시간가량 이동해 라면을 먹으러 오기보다 직접 레시피를 배워 집에서 끓여 먹고 싶은 사람들이 많았기 때문이다.

이렇게 라면 끓이는 법을 배운 사람들이 각자 만들어 먹었던 라면을 본인의 블로그에 포스팅함으로써 자연스럽게 확산하는 마케팅 효과를 얻었다. 그러던 어느 날 '클래스 101', '탈잉' 등 온라인 강의 업체에 연락이 와 맛있게 끓이는 라면 10가지를 온라인 강의로 만들자는 제안을 받았다. 그러면서 철수 씨는 강의를 통해 부가수입을 만들기 시작하며, 각종 출판사나 강연 등에 러브콜도 받기 시작하였다. 이후 라면 프랜차이즈 개설을 통해 가맹 사업까지 이르게 되었다.

철수 씨가 처음부터 라면 프랜차이즈 사업을 진행하였다면 100% 성공하지 못했을 것이다. 하지만 온라인 상가 블로그 개설을 통해 작은 도미노부터 넘어지게 하니, 마지막엔 집채만 한 도미노가 넘어지게 된 것이다. 이처럼 온라인 상가는 평범한 개인에게 다양한 기회를 만들 수 있는 출구 역할을 하고 있다. 블로그에서 시작해 네이버 13'애드포스트' 네이버가 제공하는 광고 노출 및 수익 공유 서비스 연결, 리뷰 마케팅, 기자단 활동, 14CPS Cost Per Sales : 판매분에 대한 광고비 지급 마케팅을 통해 제2의 월급을 만들어 갈 수도 있다.

---

13 네이버가 제공하는 광고 노출 및 수익 공유 서비스, 미디어 관리, 수입 지급 기능을 제공해주는 사이트.
14 Cost Per Sale, 판매를 했을 때 커미션이 들어오는 방식.

2. 브랜드 블로그 절대 실패하지 않는 육성 방법

지금부터 온라인 상가 블로그를 개설하여 현실적인 수입을 얻는 방법을 이야기해 보겠다. 네이버 알고리즘은 일정한 규칙에 따라 상위 노출이 가능하도록 세팅돼 있다. 다양한 콘텐츠 후보들이 끊임없이 생산되고 있고 필터링을 통해 매일매일 업데이트되고 있다. 상위 노출을 위해서는 검색 랭킹 알고리즘의 대표적인 'C랭크' 및 '다이아로직'을 우선 알고 있어야 한다. 'C랭크'는 여러 주제보다는 한 주제에 대해 전문적으로 포스팅하는 블로그의 노출 순위를 상향하는 알고리즘이다. '다이아로직'은 사람들이 좋아하는 글을 분석하여, 반영하는 시스템이다. 이렇게 네이버 알고리즘은 현재 2개의 시스템이 공존하고 있다. 이는 정보력이 없는 낚시성 글이나, 홍보에만 치중한 내용은 배제하고 정보성이 짙은 양질의 포스팅을 쓰는 사람에게 평가를 높여 주겠다는 것을 의미한다.

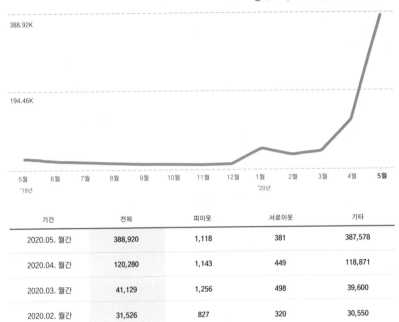

기간	전체	피이웃	서로이웃	기타
2020.05. 월간	388,920	1,118	381	387,578
2020.04. 월간	120,280	1,143	449	118,871
2020.03. 월간	41,129	1,256	498	39,600
2020.02. 월간	31,526	827	320	30,550

해당 로직을 준수하며, 포스팅 작업을 더 빠르게 하며 블로그를 키워나갈 수 있다. 해당 로직에 맞게 포스팅하는 가이드 3가지 방안을 이야기해 보겠다. 첫 번째는 희소성이 있는 주제를 만들어야 한다는 점이다. 내용에 깊이가 있고 꾸준히 연재되는 연재물을 포스팅해야 본인의 블로그가 상위 노출할 가능성이 커진다. 이 점을 분명히 알아야 한다. 이러한 지식을 기반으로 포스팅하지 않으면 헛수고를 하거나 오히려 감점 요인에 접근하게 된다.

예를 들어 본인이 미용사라면 헤어 커트법과 같은 [15]레드오션을 포스팅하기보다 '이마 넓은 사람에게 어울리는 헤어스타일'과 같은 [16]블루오션을 선택하여 포스팅을 이어가야 한다. 월·수·금 등으로 정해진 시각에 포스팅을 작성해야 빠르게 유입자 수를 상승시킬 수 있고 더불어 랭크 상위에 진입할 수 있다. 여기서 주의할 점은 실제 경험에 기반하지 않고, 포스팅 개수를 채우려고 도배글 같은 콘텐츠를 만들 때 먼저 노출될 수 있다는 점이다.

또한, 노출이 안 된다고 포기하고 기존에 쓰던 주제에서 갑자기 주제를 변경해서 짧은 시간 안에 많은 글을 작성하면 네이버가 알고리즘 규정상 어뷰징 행위로 인지하여 블로그 육성에 안 좋은 영향을 줄 수 있다. 덧붙여 동일 이미지를 매번 포스팅에 쓰면 유사한 문서로 분류되어 강력한 제재를 받아 저품질의 기준이 된다는 점도 꼭 기억해야 한다. 알고리즘은 일정한 법칙대로 운영된다. 사람의 감정처럼 그때그때 변화무쌍하게 기복을 보이지 않는다는 점을 명심해야 한다.

두 번째로는 제목 선정에 심혈을 기울여 유입자를 높이는 방법을 모색해야 한다는 점을 기억해야 한다. 제목에는 노출 희망 키워드 중점으로 배치하는 것이 좋다. 해당 키워드를 서포트 해줄 수 있는 유입 문구 비율을 혼합하여 만들어야 효과를 거둘 수 있다. 아무리 좋

---

15 경쟁이 치열해 성공을 낙관하기 힘든 시장을 의미.
16 차별화와 저비용을 통해 경쟁이 없는 새로운 시장을 창출하려는 경영 전략.

블로그 운영만으로 즉시적 수익 창출

은 양질의 포스팅이라도 키워드 배치가 되지 않으면 검색 순위에 노출이 되지 않기에 꼭 제목에 적절한 키워드 배합이 필요하다. 이것은 블로그를 운영하는 이들에게 기본 중의 기본이다.

또한, 무조건 노출하는 것이 아니라 일정한 검열 기간을 거치고 노출이 되므로 초반에는 특정 주제를 선정해서 조회 수가 낮은 키워드 위주로 포스팅을 해야 한다. 그러면 자연스럽게 방문자가 소폭으로 증가하고 최적화 육성에도 높은 지수^{점수}를 받을 수 있다. 미디어 시장이 증가함에 따라 영상 추가는 포스팅에 필수로 작용하고 있다. 영상 업로드를 추가해서 작업하기를 추천한다.

마지막 세 번째는 키워드 선정으로 포스팅을 작성하기보단 해당 키워드에서 검색하는 사람이 얻고자 하는 내용이 무엇인지 캐치하여 포스팅을 작성해야 한다는 점이다. 핸드폰을 예시로 이야기를 해 보겠다. 검색 사용자가 갤럭시노트8을 검색한다고 하면, 일반적으로 포스팅하는 내용은 대개 '노트8은 몇만 화소에 홈 버튼이 사라졌으며, 최대 256GB의 마이크로 SD카드를 지원합니다.' 등처럼 하게 마련이다. 사람들이 왜 갤럭시노트8을 검색했을까를 생각해 보면 답은 달라진다. 전문적인 기능을 알고 싶어서? 이미지를 보기 위해서? 이유는 다양하다.

하지만 잘 생각해 보면 갤럭시노트8이라는 핸드폰이 나에게 과연 어떤 혜택과 편의성을 제공하는지가 가장 궁금할 것이다. 예시로 저자가 중요한 회의에 노트를 안 가지고 왔는데 노트8은 핸드폰이 꺼진 상태에서도 펜만 분리해서 메모를 쓸 수 있어서 위험한 고비를 넘긴 적이 있다. 이런 형식으로 단순한 내용이 아닌 검색 니즈에 부합한 포스팅을 함으로써 검색자 만족도를 높여 체류 시간을 확보해야 한다. 사람들이 무엇을 궁금해 하는지를 생각하는 버릇을 키워야한다.

3. 올리는 사람 위주가 아닌 방문 이웃의 구미에 맞게

　블로그 운영자는 단순 홍보 및 정보 글이 아닌 검색하는 사람들의 본질을 이해하고 전문적인 글을 쓰도록 노력해야 한다. 네이버 블로그 문서는 평균적으로 하루에 100만 건 이상이 생산된다고 한다. 검색 순위는 절대 평가가 아닌 상대 평가로 나보다 더 질 좋은 콘텐츠가 나오면 내가 현재 상위 순위에 랭크돼 있다 해도 바로 후순위로 밀리게 된다. 이제는 포스팅 양의 싸움이 아닌 질적인 싸움이 되어야 한다. 많이 올린다고 노출 순위가 올라간다면 누구나 포스팅 건수로 승부하고자 할 것이다. 하지만 네이버는 절대 양적 포스팅에 반응하지 않는다.

　네이버는 검색 포털 수익원인 소비자에게 충분한 정보를 충족시켜 주어야 한다. 또한, 포스팅하다 보면 익숙함과 편안함에 젖어 포스팅의 퀄리티가 떨어질 수 있다. 본인이 즐겁고 재미있어할 만한 콘텐츠 구성으로 작업을 해야 지속해서 양질의 콘텐츠를 만들어 낼 수 있다. 위의 내용이 아닌 편법을 활용하여 '유입자를 극대화해주겠다.', '최적화를 만들어주겠다.'라고 접근하며 교육이나, 마케팅 의뢰를 하는 업자들이 있는데 여기에 현혹되지 말 것을 권한다. 단숨에 문제를 해결하려고 하면 안 된다. 차근차근 네이버의 구미에 맞는 포스팅 전략을 구사해야 한다.

방문자가 많다고 전부 상위 노출이 되는 것은 아니다. 그런 업체들 대부분이 유입자는 많은데 상위 노출이 안 되는 경우가 많이 있다. 블로그는 어느 정도 개념을 이해하고 노력하면 좋은 결과를 얻을 수 있다. 위에서 밝힌 포스팅 가이드만 준수하면서 블로그를 육성한다면 1개월 안에 1,000명 이상 방문하는 블로그를 만들 수 있으며, 해당 블로그를 통해 즉시 수익을 만들어 낼 수 있다. 해당 가이드대로 블로그를 만들고 1개월간 육성하였다면 총 3가지 방법을 통해 제2의 월급을 만들어 보자.

4. 브랜드 블로그
수입 첫 번째 애드포스트 연결

누군가 나의 블로그, 즉 온라인 상가에 들어와서 글과 사진 등을 보고 자신이 고민하던 것을 조금이라도 해결했다면 그 사람들은 나의 블로그 상가의 단골 고객이 될 수 있다. 그들은 추가 입소문을 내어 보다 많은 고객군을 만들어주게 된다. 그렇게 내 블로그 방문자들이 원하는 정보를 얻어 도움을 받았다면 이제부터 수익을 만들어 낼 수 있게 된다. 온라인 블로그를 통해 수입을 얻는 방법 중에 '애드포스트'에 연결하여 수입을 만들 방법을 이야기해 보겠다.

가장 먼저는 광고 포스트를 통해 광고 수익을 만들어 내는 방법이다. 미디어 성격과 게시글, 검색어 등을 분석한 후 각 미디어에 가장 적합한 주제와 상품을 지닌 맞춤형 광고가 노출되도록 하는 것이 광고 포스트 광고이다. 기준은 게시글 수, 운영 기간, 광고 매체로써 조건의 적합성 등으로 이들 조건이 충족되면 미디어 등록이 가능하다. 한마디로 내 블로그 글에 광고주들의 광고가 노출되어 블로그 주인에게 수익이 생기게 되는 것이다.

그렇다면 내가 원한다고 누구나 애드포스트를 할 수 있을까? 물론 일정 조건이 필요하다. 네이버 애드포스트 신청 조건은 블로그 개설 90일 이상, 하루 평균 방문자 100~200명 이상, 포스팅 개수 50개 이상 등이다. 단, 도박이나 음란성 불법성 게시물은 인정되지 않는다. 해당 기준은 전 달에 발생한 데이터를 기준으로 승인하게 된다. 이상의 조건을 충족하기 위해서는 차분히 꾸준하게 포스팅을 축적해야 한다. 더불어 충성도 높은 방문객을 다수 확보하여야 한다.

블로그를 지금 막 시작하는 사람이 단기간에 애드포스트를 연결하려면 몇 가지 꿀팁을 활용하면 좋다. 우선은 오래된 블로그일수록 좋다는 점이다. 만약 내가 예전에 한두 번 하다가 놔둔 블로그가 있다면 해당 블로그로 시작하는 것이 좋다. 또는 2일 1 포스팅을 하되 일상적인 내용보다는 정보성 글을 올려 이슈가 되도록 검색 키워드를 선점하여 방문자를 확보해야 한다. 또한, 소재 고갈로 더는 콘텐츠 양산이 어려울 수 있기에 본인이 즐겨 하는 취미, 직업, 특기 등을 활용하여 일정한 정보를 계속 올려야 한다.

통상 처음 시작하는 블로그 운영은 1~2개월 정도 지나면 가입 조건을 갖춘다. 즉, 한 달 정도 블로그를 운영 후 애드포스트 신청을 해 보는 것이 가장 현명하다. 네이버 애드포스트 가입 방법은 네이버 애드포스트 adpost.naver.com 에 접속하여 회원 가입 → 인증 → 블로그 실명의 통장 기재의 순으로 신청할 수 있다. 애드포스트에 등록이 되었다고 메일이 오면 내가 썼던 모든 블로그 포스팅에 광고가 붙는다. 이때 주의할 점이 있는데 내 글에서 광고가 어디에 위치하게 하느냐에 따라 약간의 수익이 달라진다는 점이다.

글 전체에 광고 나가는 것과 본문 및 하단에 지정하여 광고를 삽입할 수 있다. 자기의 글 성격과 길이에 따라 광고가 1개 붙기도 하고 2개가 나오기도 한다. 클릭 수에 따라 광고 수익이 달라진다. 그러니, 최초 세팅을 내 블로그 → 관리 → 메뉴 글 동영상 관리 → 애드포스트 설정 → 포스팅 광고 설정을 기본으로 변경하여, 한 포스팅에 2개의 광고가 노출될 수 있도록 해야 한다. 즉, 최대한 수익을 늘릴 수 있도록 구성하여 운영해야 한다는 것이다.

애드포스트 수입은 전달 1~30일까지 수입이 매월 25일 지정된 계좌로 지급되며, 최소 금액을 별도로 지정하지 않는 경우 5만 원 이상 자동 지급된다. 또한, 12만 5000원을 초과하는 경우는 세금 제한 금액이 입금되니, 참고해야 한다. 통상 일평균 방문자 5,000명 기준 한 달에 지급되는 돈은 50만 원가량이다. 단, 방문자 수가 적어도 어떤 광고가 게시되느냐에 따라 수익은 크게 차이 날 수 있다. 가장 높은 단가는 비즈니스/경제 부분 광고다.

애드포스트는 기본적으로 글의 길이에 따라 광고가 중간에 삽입되기도 하는데, 짧은 글에는 중단에 삽입이 되지 않고, 하단에만 삽입된다. 글이 어느 정도 길다면 중간에 삽입되기도 하므로 방문자가 글을 읽는 도중에 클릭할 가능성이 커진다. 그로 인해 수익도 증가하기 때문에 최대한 글의 양을 늘리는 것이 포인트다. 그렇다고 하염없이 긴 글을 올리는 것도 옳지 않다. 적당한 분량의 글을 올리는 것은 애드포스트를 통한 수익 증대에 중요 요소이다.

5. 네이버는 똑똑하다는 사실을 잊지 말아라

블로그를 운영하다 보면 원고를 보내줄 테니, 복사하여 붙여 올려달라는 쪽지나 글이 심심치 않게 오게 된다. 이를 진행할 경우 건당 1~3만 원 사이의 광고료를 지금 받을 수 있으나, 너도나도 똑같은 원고를 포스팅하다 보면 유사 문서로 평가받아 페널티를 감수해야 한다. 계속해서 유사 문서를 발행할 경우 블로그 저품질에 빠질 수 있다. 우리가 생각하는 것보다 네이버는 현명하고 스마트하다. 얕은 속임수로 네이버를 속이려 한다면 그것은 오산이다.

포스팅을 의뢰하는 업체에서 새 원고, 새 사진을 보내준다고는 하지만 조금만 수정해서 보내는 경우가 대부분이어서 고친 효과는 사실상 없다. 그러니 그런 유혹에 현혹되지 않고 묵묵히 나의 길을 가는 것이 정답이다. 당장 몇만 원 정도 벌 수는 있겠지만, 리스크가 상당히 크다. 작은 이익을 위해 큰 것을 잃을 수 있다. 소탐대실이란 말을 늘 기억하고 외부의 유혹에 흔들리지 말아야 한다. 블로그를 운영하자면 늘 멀리 보고 가야 한다.

결론적으로 복사하여 붙이기를 하자는 요청이 들어와도 수긍하지 말라는 것이다. 약간의 수정을 하더라도 유사 문서로 낙인돼 저품질에 빠질 수 있다. 애써 구축한 나의 상점인 블로그에 흠집이 날 수 있는 위험한 일이라는 것이다. 글을 쓰는 것도 창작자의 활동이므로 그 어떤 정보 글이라 할지라도 자신만의 노하우나 생각을 같이 넣어주는 것이 좋다. 아무리 귀찮고 욕심이 있다고 하더라도 황금을 낳는 거위의 배를 가르는 행위는 하지 않도록 하자.

변칙을 통한 수익은 당장에 보탬이 될 수 있지만 멀리 가고자 하는 블로거에게는 독소가 된다. 멀리 보고 자신의 소신으로 묵묵히 뚜렷한 목표를 갖고 가는 것이 맞다. 블로그의 운영 취지에 맞지 않는 글을 올리는 것은 방문자에게도 실망감을 안기게 된다. 방문할 때마다 자신의 원하는 정보와는 별개의 정보가 노출된다면 방문자는 이내 실망하게 될 것이고 다시는 나의 블로그를 방문하지 않을 것이다. 이 점을 명심해야 한다.

6. 브랜드 블로그의 또 다른 수입 쿠팡파트너스

'쿠팡파트너스'를 통해 추가적인 수입을 만들어 낼 수 있다는 점도 유념해둘 필요가 있다. '쿠팡파트너스'란 쿠팡에서 운영하는 온라인 제휴 마케팅 서비스로 홈페이지, 블로그, SNS 등을 사용하는 사람이면 누구나 이용할 수 있다. 쿠팡이 판매하는 상품을 자신의 페이지에 노출하여, 구매가 발생하면 3~4% 정도의 광고비를 지급해 주는 시스템이라고 보면 된다. 쿠팡 회원이라면 누구나 가능하며, 홈페이지, 블로그, SNS 등을 운영하는 모든 인플루언서 Influencer : 수만 명에서 수십만 명의 팔로워를 통해 대중에게 영향력을 끼치는 이들 가 해당한다.

'쿠팡파트너스'는 무료로 가입할 수 있으며, 활동 시 발생한 수익금은 현금으로 지급된다. 가입 절차는 네이버에 '쿠팡파트너스'를 검색 후 partners.coupang.com 사이트에 접속해야 한다. 쿠팡 아이디가 있으면 로그인하면 되고, 없으면 회원 가입부터 진행해야 한다.

가입 후 송금 받을 계좌 정보 및 세금 처리 관련 개인 정보를 입력하면 수익금을 받을 수 있다. 가입 절차는 크게 까다롭지 않다. 단 블로그가 어느 정도 활성화되어 있으며, '쿠팡파트너스' 링크나 배너가 블로그, SNS에 올라가 있어야 한다. 그로 인해 수익이 1건이라도 달성되면 승인 처리가 완료된다.

'쿠팡파트너스'의 경우 어떤 상품에서 수익이 발생했는지 체크를 할 수 있어, 잘 팔리는 상품군을 추려 홍보할 수 있다. '쿠팡파트너스' 수익 전략은 양질의 후기를 누적해 두는 것이다. 그 예로 글을 하나 써 놓으면 방문객이 지속적으로 유입되어 영구적인 수익을 낼 수 있는 모델이 된다. 이는 고가의 상품이 유리하다. 클릭 후 24시간 내 구입하면 모두 매출로 체크되기에 수수료가 높은 고가의 상품과 제

품을 공략하여 양질의 후기를 남길 수 있도록 해야 한다. 또한, 추천인 아이디를 적극적으로 활용해야 한다. 추천인 아이디가 많을수록 본인에게 돌아오는 수익도 커진다. 같은 방식의 제휴 마케팅도 할 수 있다.

'링크프라이스', '애드픽' 등도 동일 선상에서 활용할 수 있다. 우선 '쿠팡파트너스'를 적용 및 적응을 한 후 다양한 수입 출처를 확장하는 것이 좋을 것 같다. 모든 것이 완벽하게 준비된 사례는 없다. 모든 낯설고 어색한 것은 시작을 항상 미루고 싶게 만든다. 하지만 블로그 운영에 있어, 작은 결과라도 생겨날 수 있도록 해야 지속해서 블로그를 운영하는 원동력이 생긴다. 그렇게 되면 억지로 주입된 동기가 아닌, 강력한 셀프 동기 부여를 받을 수 있을 것이다. 이것이 무엇보다 재밌고, 길게 지속할 수 있는 단단한 힘이 되어줄 것이다.

7. 브랜드 블로그 수입의 또 하나 체험단

본인의 블로그 운영으로 17체험단 마케팅을 할 수 있다. 즉, 기업이 원하는 제품을 사용하고 양질의 후기를 남기기만 하면 무상으로 제품을 받아 사용 수익화 할 수 있다. 예를 들어 비싼 음식, 가전, 가구, 이용권 등 다양한 서비스와 상품을 무상으로 얻을 기회가 생기게 된다. 네이버에 '블로그 체험단'이라고 검색하면 다양한 체험단 모집 사이트가 나온다. 간략하게 참고하면 좋을 것 같다. 체험단과 블로그 기자단은 이미 널리 활용되고 있는 간접 수입이다.

접속한 사이트에 필요했던 물품이 있으면 신청해서 무료로 물건을 받아 사용하면 된다. 이후 해당 제품을 사용한 후기를 남기기만

---

17 새로운 제품이나 서비스 따위를 미리 이용해 보면서 품질을 평가하는, 기업 차원에서 조직한 소비자 집단.

하면 무상으로 원하는 제품을 얻게 되는 형태이다. 체험단은 총 2가지 유형으로 나뉘게 된다. 오프라인 매장 방문형과 배송형이 그것이다.

양자는 물건을 전달받는 방법의 차이일 뿐 역할을 수행하는 방법은 같다. 결국, 부지런한 새가 모이를 많이 먹게 된다는 속담과 같다. 무엇이든 관심을 가지고 꾸준히 활동하면 그에 따른 이익을 챙길 수 있게 된다. 귀찮아서 하지 않겠다면 그에 따른 소득도 얻을 수 없게 된다.

배송형 체험은 집에서 제품을 받아 직접 활용하고 작성하는 체험 활동을 말한다. 코로나 확산 이후 비대면 시장이 커지면서 배송형 체험을 선호하는 블로그들이 많아졌다. 제품을 받게 되면 마구잡이로 사진을 찍는 것보다 상품을 단계별로 촬영하여 블로그 이웃들의 가독성을 높여 주는 게 중요하다. 전문가처럼 사진을 잘 찍어야 한다는 부담에서는 벗어나도 된다. 또한, 제품의 특성이 잘 드러나는 형식으로 실물 크기 비교 사진이나, 상황에 맞는 연출 컷도 추가하면 좋다. 전문 카메라를 갖추면 좋겠지만 스마트폰 사진 기능으로도 충분히 커버할 수 있다.

예를 들면 볼펜을 단독적으로 촬영하는 것보다 노트와 함께 촬영해 양자를 대조할 수 있게 하면 누구나 '이 정도 사이즈는 되겠구나.'라고 짐작을 할 수 있게 된다. 이렇게 구체적으로 가늠할 수 있도록 상대를 생각하여 촬영하는 것이 중요하다. 곁들여 설명하면, 사진은 7장 정도로 구성하며, 음식이라면 보글보글 끓는 영상 혹은 바삭바

삭 소리가 나는 영상들을 추가하면 더욱 좋다. 생동감과 현장감은 상대의 마음을 더욱 잘 움직일 수 있기 때문이다.

　직접 방문 체험을 할 때는 자신이 갈 수 있는 시간을 미리 확인하고 예약을 해야 한다. 가기로 한 시간을 맞춰서 반드시 방문하는 예의를 갖추는 것이 필요하다. 직접 방문 시 찾아가는 길부터 소개해주는 것이 좋다. 주변의 랜드마크, 관광지를 추가하면서 주차장 정보를 함께 기록하여 다양한 방면에서 정보를 얻을 수 있도록 해주는 것이 좋다. 음식점이라면 메뉴판, 금액, 메뉴, 등을 위주로 촬영하며, 셀프 코너 및 홀 사진을 추가해야 한다.

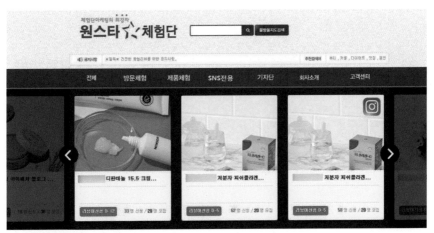

현재 운영중인 체험단사이트

참고로 광고주는 제품을 제공하고, 블로그는 광고를 해주니, 누가 갑이고 누가 을인 처지가 아니라 서로 정당한 입장에서 체험을 해야 한다. 주변 인물이 불가피하게 사진이나 영상에 노출되었다면 모자이크 처리해주는 것이 좋다. 방문형 및 배송형 체험단은 1차원적으로 돈을 버는 것은 아니지만, 지출을 줄일 수는 있기에 돈 버는 방법의 하나가 될 수 있다. 자신이 파워 블로거임을 앞세워 거만한 모습을 보이거나 갑질을 하면 낭패를 당할 수도 있다는 점을 유념해야 한다.

8. 기자단도 좋은 경험과 수익이 뒤따른다

    블로그 [18]기자단으로 활동하며 부가 수입을 만들어 내는 방법도 생각해볼 만하다. 기자단 활동은 사진과 가이드라인을 받아 포스팅을 작성하여 일정의 원고료를 받는 형태이다. 즉, 기업이 원하는 주제를 가지고 본인의 블로그에 글을 쓰게 되면 건당 5만 원부터 월 단위 수백만 원까지 받을 수 있는 부가 수입을 만들어 낼 수 있다. 물론 블로그를 방문해주는 이웃이 많아야 하고, 세련된 글쓰기를 할 줄 알아야 한다. 엉성한 글을 쓰면 비용을 지불하는 기업의 신뢰를 끌어내기 어렵다.

    기업을 홍보해주고 많은 사람에게 노출해주면 원고료도 받고, 매월 광고비도 받을 수 있는 수입 모델이 된다. 이 같은 수주를 받을 수

---

18 어떠한 제품이나 서비스를 받지 않고 특징을 참고하여 작성하는 것을 의미.

있는 루트는 기업이 블로거를 직접 찾아서 제안할 수 있고, 위에 언급한 체험단 사이트 등에서 상시 기자단 및 서포터즈를 모집하니, 가입해 활동하는 것도 방법이 된다. 기업의 의뢰를 받으려면 그만큼 블로그 관리를 잘해야 하는 것은 당연하다. 블로그 기자단 모집은 수시로 이루어지기 때문에 항상 안테나를 세우고 언제 모집하는지 스스로 점검해야 한다.

이 외 기업과 협의하여 본인의 블로그를 통해 공동 구매를 만들어 내는 방법도 있다. 본인의 블로그에 방문하는 이웃들에게 질 좋은 상품을 저렴하게 구매하게 하는 방식을 소개하면 된다. 즉, 기업이 판매하는 상품을 할인된 가격에 정해진 수량을 전달받고 상품 내용과 향후 가치를 포스팅한 다음 정해진 기간 안에 몇 명이 모이면 시중가보다 저렴하게 구매할 수 있게 해주는 방식이다. 블로그 이웃은 질 좋은 상품을 싸게 사서 좋고, 기업은 매출을 올리고, 중개해주는 블로그는 전체 판매액에 일정 퍼센티지를 수수료로 받을 수 있어서 모든 대상에게 도움이 될 방법이다. 일부 셀럽들은 공동 구매를 통해 매월 수천만 원씩 수익을 만들어 내기도 한다.

9. 브랜드 블로그 수입
두 번째 끝판왕 책 출판, 기업 강연

블로그를 잘 운영하면 기업 강연부터 책 출판까지 다양한 수입에 모델을 만들어 낼 수 있다. 본인이 블로그를 운영하며, 써왔던 내용이나 혹은 블로그 육성에 대한 방법 등을 블로그 이웃들과 공유하며 그 이웃들을 기준으로 추가 온·오프라인 강의를 만들어 낼 수 있다. 전문성 있는 내용을 꾸준히 포스팅해 데이터를 구축하면 전문가로 인정받을 수 있다. 예를 들어 블로그로 돈 버는 방법, 스마트 스토어로 돈 버는 현실적인 방법 등을 강의의 소재로 삼으면 된다.

이웃들에게 정규 강의를 오픈하고 배우고 싶다는 사람들만 모아서 수강료를 10만 원 정도로 학습 팀을 구성하여 10명 정도 모아 소규모 강의를 진행하면 된다. 본인이 느끼고 경험한 히스토리와 노하우 등을 공유하고 전달하는 형태로 강의 수입을 만들어 낼 수 있다는 것이다. 때로는 본인이 직접 나서지 않아도 수강할 사람들을 모아

장소까지 섭외해놓고 강의를 의뢰하는 때도 있다. 준비만 돼 있다면 수익을 올리는 방법은 다양하다.

또한, 오프라인 책 출판 및 전자책 출판으로 블로그에 기재한 모든 내용을 압축하여 현실적인 가이드북을 제작하고 판매까지 할 수 있다. 현재 내가 운영 중인 기획사 및 수강생 그룹도 이처럼 온라인 상가를 개설하여 운영하며 경제적 자유를 달성한 케이스가 많이 있다. 우리는 미래를 어느 정도 예측할 수 있다. 그것을 예를 들면 '어제 내가 먹은 음식과 오늘 내가 먹은 음식이 내일 나의 몸무게를 이야기한다.'라는 말과 일맥상통한다.

즉 내가 오늘 누구를 만났고, 어떤 책을 읽었으며, 나에 대해 투자를 했는지에 따라 나의 미래를 어제보다 나은 오늘로 만들 수 있다는 이야기다. 지금 당장 온라인 상가 블로그를 개설하고 어제보다 발전된 오늘을 만들기 바란다. 또 한 가지 조언하고 싶은 것은 여기저기 알아보는데 많은 시간을 허비하지 말고, 직접 실행을 시작하라는 것이다. 일단 시작하면서 배워나가는 것이 절대 유리하다. 이론은 이론일 뿐이다. 실전을 통해 이론을 배워나가야 한다.

학습팀을 구성하여 정규 강의 진행

제5장.
유튜브가 대세다

1. 연 광고 매출 18조 괴물 플랫폼 유튜브

지난 2005년 작은 스타트업으로 시작한 유튜브는 어느새 세계 최대 동영상 공유 플랫폼으로 성장했다. 특히 한국 시장에서 절대적인 영향력을 행사하고 있고, 누구나 스타 유튜버를 꿈꾸는 유튜브 시대가 열렸다. 유튜브는 동영상 공유 서비스라는 새로운 시도로, 출범과 동시에 큰 주목을 받았다. 2006년 구글이 유튜브를 인수하며, 본격적인 성장 궤도에 올라왔다. 이후 유튜브의 성장은 가히 폭발적이었다. 지금은 포털을 뛰어넘는 검색이 이루어지고 있고, 방문자 수도 상상을 초월한다. 그만큼 부대사업을 벌일 수 있는 틈새시장이 곳곳에 열려 있다.

2008년 유튜브가 처음 국내로 들어올 당시, 전문가들은 유튜브의 실패를 예상했다. '판도라TV', '엠엔 캐스트', '엠군', '다음TV팟', '곰TV', '아프리카TV', '네이버 비디오' 등 비슷한 토종 서비스들이

버젓이 버티고 있었기 때문이었다. 특히 2006년 출범한 '아프리카 TV'의 경우, 유튜브보다 먼저 1인 방송 시대를 연 주역이기도 하다. 그들은 무럭무럭 성장하고 있었고, 세상 사람들은 유튜브에 별다른 관심을 보이지 않았다. 하지만 유튜브가 모든 유사 서비스를 제치고 독보적 위치에 올라서는 데는 그리 오랜 시간이 걸리지 않았다.

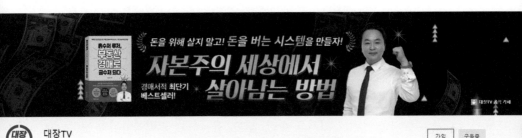

 대장TV
구독자 7.44만명

홈   동영상   재생목록   커뮤니티   채널   정보

업로드한 동영상   ▶ 모두 재생

낙찰 후 점유자 연락이 전혀
되지 않는다.강 제로 열고 들...
조회수 1.5만회 · 1일 전

경기도 평당 123만원 토지 입
찰 포기했습니다!부동산경...
조회수 7.6만회 · 5일 전

2000만원 소액투자해서 임대
료 200만원 받는 상가무조...
조회수 9.1만회 · 1주 전

부동산경매 3천만원 낙찰! 누
구나 1등할 수 있는 방법공...
조회수 5.9만회 · 1주 전

부동산경매 3천만 원 소액투
자해서 가장 빨리 천만 원 버...
조회수 1.2만회 · 2주 전

부동산경매 노후주택 낙찰 후
점유자분을 만났습니다.명...
조회수 2.3만회 · 2주 전

인기 업로드   ▶ 모두 재생

3500만원 부동산경매 낙찰된
최악의 노후빌라! 리모델링...
조회수 31만회 · 2개월 전

부동산경매 낙찰 7500만원
25년된 썩다리 빌라 운영어...
조회수 21만회 · 4개월 전

부동산경매 빌라가 돈이 안될
다고? 그럼 경매나온 빌라...
조회수 18만회 · 4개월 전

[소액경매 빌라!돈이 안되!문
을 열어보니 천원났습니다...
조회수 18만회 · 1년 전

부동산 아파트 경매로 낙찰!문
을 열어보니 천원났습니다
조회수 15만회 · 3개월 전

부동산경매 싸다고 낙찰 받으
면 파산하는 3가지 | 경매,...
조회수 13만회 · 8개월 전

현재 운영중인 유튜브 채널

전문가라고 한 많은 이들의 예상은 빗나갔다. 국내 동영상 공유 플랫폼들은 수익 모델 부재와 막대한 서버, 회선 비용을 감당하지 못하고 점차 내리막길을 걸었다. '엠엔 캐스트'가 2009년 문을 닫았으며, 2010년에는 네이버가 동영상 서비스를 중단했다. 현재 유튜브 파급력은 막강하다. 카카오톡이나 네이버보다 체류 시간이 길다는 조사 결과가 나오기도 했다. 이 사실은 유튜브가 궁금증이 생기면 찾는 포털 역할을 대체한다는 이야기다. 국내 이용자가 가장 오래 사용한 앱은 유튜브 442억 분 로 카카오톡 226억 분, 네이버 155억 분 를 크게 앞질렀다.

이처럼 유튜브는 국내에서 대표적인 동영상 플랫폼으로 성장하였다. 일부 선진국 미국의 경우 할리우드 스타보다 유명 유튜버가 더 큰 영향력을 가지고 있기도 하다. 또한, 유튜브는 크리에이터와 광고 수익을 공유하기에 막대한 수익을 만들어 낼 수도 있다. 세계에서 가장 많은 수익을 만들었던 유튜브는 1년 총수입이 180억 원에 달했다고 한다. 불과 수년 전에는 상상도 할 수 없는 일이 현실에서 벌어지고 있다. 현재는 '동영상=유튜브'의 공식이 일반화된 상태라 할 수 있다.

연 수입 100억 원을 넘는다면 상위 0.1% 해당하지만, 이 외에도 유튜브에서 1년 동안 1억 원 이상을 벌고 있는 채널이 약 4,000개 이상으로 추정된다고 한다. 이미 국내에도 수백여 개의 채널에서 연 1억 원 이상의 수입을 올리고 있다. 이런 다양한 사유로 유튜브 시작은 선택이 아닌 필수적인 요소가 되었다. 자신이 하던 일을 접고 전업 유튜브 제작자로 변신한 사람을 주위에서 심심찮게 발견할 수 있다. 요즘 아이들의 장래 희망은 법조인도 교사도 아닌 유튜브 제작자가 압도적이란 사실이 유튜브의 인기를 반영한다.

2. 조회 수 급상승하는 채널 주제 선정 방법

유튜브를 시작하지 못하는 90% 이유는 대체 어떤 영상을 찍어야 할지 모르기 때문이다. 본인이 가진 것이 아무것도 없다고 생각하기 때문이다. 부자가 되는 과정은 자신이 가지고 있는 어떤 것들을 계속해서 교환해 나가는 과정이다. 예를 들어 본인이 키가 클 수도 있고, 키가 작을 수도 있고, 평균 키 정도일 수 있다. 이 중 어떤 특성이라도 리소스가 될 수 있다. 키가 크다는 것은 사회적으로 장점으로 받아들여지니 좋은 콘텐츠가 될 수 있고, 작다면 작은 키에 특화된 쇼핑몰을 창업하여 옷을 팔 수도 있다.

다시 말해 어떤 점이라도 본인의 리소스가 되어 영상을 찍을 수 있다는 것이다. 즉, 도덕적으로 문제가 되지 않는다면 어떤 주제를 선택해도 좋다. 다만, 가능하면 폭넓은 주제를 선택해야 한다. 예를 들어 '대장TV' 유튜브 채널은 '재테크'라는 카테고리 아래서 여러 가지 주제를 담고 있는 것을 볼 수 있다. '돈을 버는 방법', '부동산 경매·공매', '내 집 마련' 등 당장 어떤 카테고리가 떠오르지 않는다면 본인이 관심 있는 분야를 고른 후 그 분야의 상위 카테고리를 생각해 보자. 만약 고양이를 좋아한다면 애완동물이나, 동물 전체에 대한 카테고리를 선택할 수 있다.

다양한 카테고리 대장TV 유튜브

지속 성장할 수 있는 주제가 중요하다. 사람들은 무엇인가 변해 나가는 것을 좋아한다. 성장 만화나 소설이 인기가 좋은 이유가 거기에 있다. 언제나 같은 자리에 머물러 있다면 사람들은 채널에서 흥미를 잃게 된다. 이미 본인이 금수저라면 돈에 대한 영상을 찍는 것보다는 자신이 잘못하지만 관심 있어서 더욱 잘하고 싶은 분야를 유튜브 주제로 선정하는 것이 좋다. 하지만 대부분에 사람들이 금수저가 아니기에 일정한 주제를 가지고 계속 성장해 가는 모습을 보여 주는 것이 좋다.

예를 들어 스마트 스토어를 통해 일별 판매 수량이 증가하는 과정 및 자체 생산을 달성하는 모습까지 올리게 된다면 단계별로 관심 있는 구독자들이 형성될 것이다. 자신이 올리는 영상을 수시로 공유해 주고 주위에 추천하는 충성도 높은 구독자가 늘어나면 예상보다 빨리 파워 유튜브 크리에이터가 될 수 있다. 유튜브 전문가들이 점차 많이 생기고 있는 것은 그만큼 유튜브의 시장성이 좋다는 것을 의미한다.

3. 유튜브 알고리즘 쪼개기! 구독자 늘리는 2가지 방법

유튜브 구독자 늘리기를 생각하면 통상적으로 '영상을 자주 올리다 보면 구독자는 자연스럽게 증가한다.'라고들 이야기한다. 또한, '구독자 100명, 1,000명이 어렵지. 그 후부터는 빠르게 탄력을 받아 증가한다.' 같은 이야기를 심심치 않게 듣곤 한다. 하지만 영상 단 5개만으로도 구독자 1만 명 혹은 10만 명씩 만들어 내는 유튜버도 있는 반면 수많은 영상을 올리고도 방문자 100명을 넘기지 못하는 채널도 수두룩하다. 구독자를 효과적으로 늘리기 위해서는 유튜브의 알고리즘을 잘 활용해야 한다.

첫 번째는 유튜브 성장 테크트리 Tech Tree : 수영도 를 알고 적용해야 한다는 점이다. 구독자 한 명도 없는 초창기 유튜브 채널이라면 업로드하는 영상은 처음부터 유튜브 메인에 올라갈 수 없다. 그러므로 시청자가 특정 주제를 검색 후 시청한 영상 옆에 관련 동영상으로 노출되도록 하는 전략을 구사해야 한다. 내 영상이 관련 동영상 형식으로 노출이 되면 시청자들은 자연스럽게 내 영상을 시청할 확률이 높아지고 이때 실제 시청자의 반응에 따라 유튜브 알고리즘이 내 영상의 상위 노출 로직에 의해 메인 노출을 할 것인지 판단을 하게 된다.

이때 영상의 '시청 시간', '댓글 수', '좋아요 수'와 같은 누적 데이터가 있다면 유튜브 알고리즘은 해당 영상을 검색 노출 시 우선 추천하게 된다. 만약 이때도 영상의 반응이 좋다면 알고리즘은 다시 그 주제를 검색했던 사람들이 평소 관심을 보였던 다른 키워드에 해당 동영상을 노출해 더욱 많은 시청자 확보를 유도한다. 이러한 방식의

노출을 알고리즘 확장이라고 한다. 이 구조를 잘 이해해야 한다. 그래야 단기간에 파워 유튜버로 성장할 수 있는 길이 열린다.

흔히 '알 수 없는 유튜브 알고리즘에 이끌려 시청을 하고 있다.'라는 댓글을 볼 수 있는데 이러한 현상이 바로 알고리즘의 확장이라 볼 수 있다. 만약 우리의 영상이 이러한 테크트리를 타지 못한다면 알고리즘은 특정 단계에서 우리의 영상을 더는 노출할 필요가 없는 영상으로 인식해 적극적인 노출을 중단한다. 이런 과정이 반복되면 100명의 구독자를 끌어모으는 일조차 어려워진다. 그렇기에 유튜브는 특히 알고리즘에 대해 정확히 이해하고 있는 자라야 성공할 수 있다.

성공한 유튜브 크리에이터가 되기 위해서는 구독자들의 시청이 연속성을 가져야 한다. 내 영상을 클릭 후 시청하는 사람이 끝까지 영상을 보게 할 수 있어야 한다는 것이다. 홍수처럼 방대한 유튜브 동영상 시장에서 살아남으려면 시청자의 심리를 잘 알아야 한다. 그러므로 더 세밀한 타깃팅과 직관적인 제목을 작성할 줄 아는 능력이 필요하다. 눈에 띄는 제목과 썸네일로 시청자의 시선을 5초라도 빼앗고 그 시청자가 다시 나에게 10분, 100분을 활용하게 만들어야 한다.

그것이 바로 시청자의 심리를 읽어내는 타깃팅이다. 타깃팅을 어떻게 하는지 도저히 감이 오지 않는다면 나와 비슷한 카테고리의 영상을 찍고 있는 유명 유튜버를 벤치마킹해야 한다. 가장 좋은 예시는 내가 유튜브에서 자주 보고 있는 그 영상이다. 경쟁자의 영상을 보면

선두에 있는 유튜버들의 장점을
모방하여 본인의 색깔로 흡수하자

서 패배감을 느끼고 '내가 더 잘났으니 저 사람에게는 배울 게 없어.'라는 식으로 단정하고 경쟁자의 모니터링을 게을리한다면 이는 개인의 착각과 오만이다. 그런 자세로는 단기간에 성공한 유튜버로 자리매김하기 어렵다.

성공의 가장 큰 원칙은 혁신이 아닌 모방에서 나온다는 점이다. 지금 수천 명, 또는 수십만 명의 구독자를 몰고 다니는 파워 유튜버들도 결국은 남의 채널을 모방하는 데서 시작했다는 사실을 명심해야 한다. 그들이 처음부터 100% 창의적인 생각을 하고 창작성 있는 영상을 만들어 유튜버 활동을 시작했다고 생각한다면 오산이다. 그러니 지금이라도 먼저 선두에 있는 유튜버들을 보며, 장점을 모방하여 본인의 색깔로 흡수하려는 노력이 필요하다.

채널의 지속성을 유지하기 위해서는 유튜브 채널에 나 자신의 콘텐츠를 담아야 한다고 이야기한다. 단순한 지식이나 정보만 전달하는 채널은 한계가 있고, 채널을 운영하는 사람을 중심으로 계속해서 파생 콘텐츠를 만들어 유튜버 자체에 대한 흥미를 유도해야 한다. 목소리, 제스처, 말투 등 본인만의 특징을 잘 보여줘야 한다는 이야기다. 구독자 상승은 어떻게 본인의 영상을 끝까지 보게 할 것인가에 대한 고민이고, 지속 가능성은 내 구독자들이 얼마나 오랜 시간 채널을 구독할 것인가에 대한 고민이다.

4. 유튜버 무료로 홍보하는 2가지 방법

우선 유튜브 채널을 운영하면서 소극적으로 시청자들이 오기만을 기다린다면 성장 속도는 더딜 수밖에 없다. 내가 시청자들에게 먼저 다가가는 방법을 선택해야 한다. 그러는 방법은 크게 2가지로 나눌 수 있다. 첫 번째는 동일 카테고리에서 상위 유튜버 영상을 정독하고 같이 공감대를 가지면서, 추가로 참고할 만한 내용을 댓글로 남기는 것이다. 스마트 스토어 영상을 찍고 있는 메이저 유튜브 영상을 보고 해당 내용을 잘 보았다는 댓글과 함께 '해당 제품은 부피가 커서 추가 택배 비용을 감안해야 한다.' 등의 사소한 꿀팁을 작성해, 자연스럽게 본인의 채널 방문을 유도하는 것이 좋다.

여기서 주의할 점은 해당 유튜버를 비난한다거나, 노골적으로 홍보를 하면 오히려 반발적인 댓글들이 달리거나 채널 운영자에 의해 채널 숨김을 당할 수 있다는 점이다. 그러니 영상 한 편을 정확하게

홍보마케팅으로
단기간 수입창출!

정독하고 추가로 알면 좋은 팁들을 같이 공유해야 한다. 그리고 두 번째는 국내 대표 포털 사이트 네이버를 통해 카페 홍보를 진행해야 한다는 점이다. 특히 카페의 경우 동일한 관심사를 가진 유저들이 모여서 서로 정보를 공유하는 장소이다. 그러니, 많은 유저들이 매일같이 방문하여, 다양한 정보를 얻어간다는 점을 상기할 필요가 있다.

해당 카페에 많은 유저들의 문의 사항에 성실하게 답변해주며, 해결점을 찾아가야 한다. 그럼 자연스럽게 닉네임을 타고 본인의 유튜브로 유입시켜 구독자를 단기간 안에 빠르게 확보할 수 있다. 이때도 유저들의 궁금증을 해결해 주지 않고 단순하게 홍보에만 집중한다면 카페 운영진에게 탈퇴를 당하거나, 비판을 받을 수 있다. 이 모든 전제는 양질의 답변과 정보를 제공하여 반사 이익을 도모하기 위함이다. 전략적으로 접근해 환심을 사야 한다는 이야기이다.

영상의 질이 떨어진다면 이 모든 홍보 행위가 무의미해질 수 있으니, 우선 콘텐츠 5개 이상 양질의 영상을 업로드 후 홍보 마케팅 작업을 하면 단기간에 빠른 성장을 이끌어 갈 수 있을 것이다. 구독자를 끌어모으는 방법도 다분히 전략적이어야 한다. 어떤 노력도 가하지 않고, 전략도 없이, 막무가내로 선정적 내용을 담아 구독자를 늘리려 한다면 단기간에는 성공할 수 있을지 몰라도 장기적으로는 낭패를 보게 된다.

5. 유튜브 성공하지 못하는 2가지 이유

요즘 대중교통 이용 시 핸드폰을 시청하는 사람 중에 절반 이상은 유튜브를 본다고 한다. 누구나 쉽게 영상을 올리고 공유할 수 있는 플랫폼인 유튜브는 전 세계를 강타했다. 현 사용자는 10억 명이 넘으며, 매월 재생 횟수는 20억 회가 넘어 이제는 한국에서도 가장 많이 사용하는 앱으로 당당히 이름을 올렸다. 하루에도 수만 개의 영상이 쏟아지고 있다. 그런 가운데 누군가는 유튜브 플랫폼을 잘 활용해 빌딩을 사고, 젊은 나이에 직장인과는 비교할 수 없는 이익을 얻는 데 성공하기도 한다. 하지만 성공한 사람이 있다면 반드시 실패하는 사람도 존재한다.

그렇다면 어떤 부류의 사람이 유튜브에 실패하고 떠나갔을까? 총 3가지 이유로 요약된다. 필수적으로 해당 내용은 숙지하고 실행해야 한다. 성공한 사람은 성공한 원인이 있듯이 실패한 사람은 실패

유튜브 성공하지 못하는 핵심적인 이유!

한 원인이 있다. 그 성공과 실패의 원인을 철저하게 분석해 나의 활동에 참고하여야 한다. 내 생각만으로 운영하면 분명 한계에 봉착하게 될 것이다. 어쩌면 성공한 사례보다 실패한 사례가 더 의미 있다고 할 수 있다. 언제나 실패를 거울삼아야 한다.

우선 콘셉트, 즉 주제를 잘못 잡아 실패한 경우가 다수 존재한다. 한 채널에 들어왔는데 통일성 없는 콘텐츠가 주를 이룬다면 전문성인 콘텐츠가 아닌 비 관심사 콘텐츠와 중복되어 결국에는 구독을 하지 않고 이탈하게 된다. 예를 들어 '스마트 스토어로 돈 버는 법'을 시청하고, 해당 영상이 매력 있어 추후 영상도 기대하여 구독했지만, 바로 올라오는 영상이 먹방이라고 한다면 계속 구독을 유지하지 않고 구독 취소를 하는 원인이 된다. 즉, 일관성을 가지고 지속적인 콘텐츠를 발행하는 것이 핵심 요소이다.

다음으로는 정기적으로 영상을 업로드하지 못했을 경우이다. 목표를 가지고 매일 업로드하는 것을 목표로 삼았다가 편집의 늪에서 헤어 나오지 못하고 결국에는 영상 올리는 속도를 늦추는 이들이 적지 않다. 매일 올리던 영상을, 일주일에 한 번, 한 달에 한 번 올리면서 구독자들에게 불규칙한 영상을 보내게 되는 것이다. 이 경우 동일 카테고리에서 매일 생성되는 다른 유튜버에게 기회를 뺏기게 된다. 단골 식당을 갔는데 한두 번 문이 닫혀 있으면 다음부터 발길을 돌리는 것과 마찬가지인 원리다.

단기간 유튜브 성장을 위한 기준

01	02	03	04
소통	일관성	지속성	접근성

공유성, 구독자와 소통, 일관성, 지속성, 접근성 등을 최대한 고려하여 유튜브를 시작해야 단기간 안에 유튜브 채널을 성장시킬 수 있다. 많은 사람이 새로운 유튜브를 시작하고 중단하기를 반복한다. 이런 이유로 오로지 조회 수 및 구독자를 늘리는 데 혈안이 돼 자극적인 콘텐츠들로 도배하는 유튜버가 있다. 이런 사례는 한두 건이 아니다. 단기간에는 반응을 얻을 수 있을지 몰라도 계속해서 채널을 끌고 갈 수 없게 된다.

수십억 원대의 빌딩을 매입한 키즈 채널 운영자도 아동학대 신고를 받은 적이 있고, 다른 사람을 폭행한다거나, 사람들의 동의 없이 일반 사람의 영상을 노출하기도 한다. 유튜버로 진정한 성공에 이르는 길은 사람들의 관심에만 집중하는 것이 아닌 시청자들이 해당 영상으로 실수와 실패를 최대한 피하면서 도움을 줄 수 있도록 영상을 만들어야 한다는 점이다. 진정한 팬을 확보하고, 중장기적인 비즈니스 모델을 구축해야 비로소 성공한 유튜브 채널을 확보할 수 있다.

6. 유튜브 시작 전 필수적인 체크 사항

유튜브는 초등학생 장래 희망 직업 3위 ^{교육부, 한국직업능력개발원 2019년 발표} 에 올랐다. 또, 신뢰도 조사에서 가장 신뢰하는 언론 매체 1위 ^{시사 IN 2020년 발표} 에 올랐다. 스마트폰 필수 [19]애플리케이션이 된 지도 이미 오래다. 유튜브 운영에 도전하는 사람이 많고, 누구나 유튜버가 될 수 있다. 물론 현실은 그리 녹록지 않다. 콘텐츠를 제작해서 업로드 한다고 구독자가 저절로 생기는 것도 아니고, 바로 수익을 올릴 수 있는 것도 아니다. 하지만 첫술부터 배가 부를 수는 없다. 시작이 반이다. 하나씩 천천히 시작하면 된다.

---

19 특정한 업무를 수행하기 위해 개발된 응용 소프트웨어.

초·중·고 학생 희망직업은?

2019년 6월~7월 전국초·중·고 1,200교 학생 2만4,783명 대상 조사

(초6:7,501명, 중: 8,917명, 고: 8,365명)

순위	초등학생	중학생	고등학생
1	운동선수	교사	교사
2	교사	의사	경찰관
3	크리에이터*	경찰관	간호사
4	의사	운동선수	컴퓨터공학자 / 소프프웨어개발자
5	조리사[요리사]	뷰티디자이너	군인

*유튜버, BJ 스트리머 등

교육부, 한국작업능력개발원 자료

유튜브 성공하기 위한
필수적으로 체크

유튜브 시작 전 4가지는 필수적으로 준비하여야 한다.

첫 번째는 콘텐츠가 가지고 있는 힘이다. 성공적인 유튜버가 되기 위해서는 양질의 콘텐츠를 찾아야 한다. 콘텐츠 종류는 크게 2가지로 나뉠 수 있다. 그것은 '정보'와 '재미'이다. 정보는 전자 제품, 요리, 후기, 재테크 등으로 생활에 있어 꼭 필요한 상식이나 지식을 제공하는 것이다. 또 한 가지는 재미에 방점을 둔 콘텐츠이다. 먹방, 뷰티, 게임, 노래 등으로 나뉘며, 힐링 영상이 주를 이룬다.

파이프라인을 차례로 구축한 사람이라면 돈 버는 방법을 스마트 스토어 및 블로그를 통해 숙지하고 실행에 옮기고 있으니, 해당 리소스를 버리지 말고 영상으로 만들어 실제 경험담과 성공 스토리를 만들어가야 한다. 자신이 축적한 노하우를 절대 함부로 버려선 안 된다. 자신이 구축한 노하우는 스마트 스토어의 판매 기반이 되고, 블로그의 다양한 글감이 된다. 이 소재가 유튜브로 옮겨 왔을 때 제작도 손쉬워지고 전문성도 확보할 수 있다. 뜬금없는 소재는 장기간 끌고 갈 수 없음을 명심해야 한다.

두 번째는 차별화 포인트가 필요하다. 쉽게 말해 포장, 즉 기획이 중요하다는 것이다. 스마트 스토어 '다마고치'를 통해 대형 유튜버로 성장한 '신사임당'이 해당 케이스이다. 이렇듯 영상 기획, 메시지 전달, 편집 등을 어떻게 구상하느냐에 따라 차별적인 포인트로 부상할 수 있다. 이미 남들이 돌풍을 일으킨 콘텐츠로 내가 뒤따라봐야 그를 능가하기란 쉽지 않다. 나만의 개성 있는 콘텐츠를 개발하는 것이 무엇보다 중요하다.

세 번째는 장비의 벽을 넘어서라는 것이다. 첫 촬영은 핸드폰으로 하면 된다. 막상 유튜버를 하려면 카메라부터 각종 편집 장비 걱정을 앞세우다 보니 시작도 하지 못하는 경우가 있다. 하지만 핸드폰 촬영만으로도 충분히 영상 업로드가 가능하다. 또한, 디자인 및 편집 기술을 몰라도 된다. 썸네일에 이미지는 '망고보드' 사이트를 통해 간편하게 올릴 수 있으며, 스마트폰 앱 '키네마스터'를 통해 컷 편집도 가능하기 때문이다. 저작권 여부와 상관없이 유튜브에서 제공하는 배경 음악도 사용할 수 있다. 다른 걱정하지 말고 우선 시작하는 데 중점을 두어야 한다.

마지막 네 번째는 연속성을 가져야 한다는 점이다. 유튜브 채널은 그냥 내가 올리고 싶을 때 올리는 것이 아닌 구독자들과의 약속이다. 꾸준하게 일정한 시간마다 영상을 올려 줘야 구독자들도 일정한 시간에 양질의 영상을 받아 보며, 진정한 팬으로 자리매김한다. 또한 30초, 1분이면 끝나는 이야기를 최대한 길게 이야기하는 것은 전혀 의미가 없다. 최대한 핵심만 정리해서 팩트 있게 전달하는 것이 중요하다. 시작 전 자신이 업로드 할 수 있는 콘텐츠를 충분히 확보한 뒤에 활동을 시작해야 한다.

7. 유튜브 수익 구조 얼마를 벌 수 있는지 알아야 한다

유튜브 광고 수익 모델은 크게 4가지로 분류할 수 있다. 그 중 첫 번째는 구글 '애드센스' 시스템을 통해 내가 올린 영상에 유튜브 '인스트림 광고'가 붙게 하는 것이다. 이것이 누구나 알고 있는 대표적인 수익 모델이다. 두 번째는 유튜브 프리미엄을 구독한 사람들이 나의 채널을 구독할 때 생기는 광고비이다. 세 번째는 '슈퍼챗'을 통해서 시청자들이 직접적인 후원을 할 때 발생한다. 이때 유튜브 수수료 35%를 제외하고 받게 된다. 마지막은 다양한 브랜드 광고주의 협찬 및 PPL 광고 _{특정 기업의 협찬을 대가로 영화나 드라마에서 해당 기업의 제품이나 브랜드 이미지를 소도구로 끼워 넣는 광고 기법} 로 별도의 수익을 만드는 방식이다.

요약하면 유튜브 구조상 가져갈 수 있는 수익은 총 3가지 방법이며, 나머지 1가지는 채널의 부가 가치에 따른 수익이라고 보면 된다. 그럼 구독자별로 얼마나 수익이 얼마나 되는지 간략하게 알아보

자. 유튜브는 [20]'인스트림 광고'를 붙여서 수익을 창출할 수 있는 최소한의 기준을 구독자 1,000명, 그리고 총 시청 시간 4,000시간으로 규정하고 있다. 분으로 따지면 24만 분에 해당한다. 결코, 적은 수치가 아니다. 양질의 콘텐츠가 아니라면 달성할 수 없는 수치이다.

20 스킵 여부에 따라서 건너뛸 수 있는 광고, 건너뛸 수 없는 광고 두 가지로 나뉨.

실제로 많은 유튜버는 유튜브를 시작하고 나서 최소 3~6개월은 별다른 수익이 없이 버텨야 한다. 그렇다고 무작정 구독자에 따라 수익이 달라지는 구조도 아니다. 구글의 '애드센스' 시스템에서는 조회 수와 평균 시청자 수, 시간 등 얼마나 제대로 재생을 해서 보았는가에 초점을 맞추다 보니, 구독자 2만 명이든 구독자 1만 명이든 같은 양의 영상 조회 수, 그리고 재생 시간을 기록한다면 여전히 같은 이익을 얻게 된다.

게다가 광고는 5초 스킵을 할 경우는 수익으로 잡히지 않고 30초 이상을 시청해야 하니 수익을 창출하는 것은 조회 수와 비례하지 않는다. 어쩌다 영상 조회 수 100만 건을 기록했다고 하더라도 조회 수가 연속적으로 잘 나오지 않는다면 월급을 대체할 수는 없다. 유튜브 채널 운영을 통해 적지 않은 수익을 올리는 것은 말처럼 쉽지 않다. 자극적인 영상을 통해 반짝 수익을 올리는 것은 직업을 대체하는 것은 물론 꾸준한 제2의 월급으로 자리매김하기에도 역부족이다.

유튜브를 운영하는 이유를 단순 광고 수익에만 둔다면 지속하기 어려워진다. 유튜브를 운영함에 따라 얻는 효과는 실로 다양하다. 그 예로 구독자 수 1만 명 정도를 달성했다면 보통의 마케팅 시장에서 바라보는 마이크로 인플루언서에 해당한다. 즉, 1만 명 이상의 구독자 수에 전문성이 결합한 콘텐츠들을 이루고 있다면 부가 수익을 현실화할 수 있다. 협찬, 강연, 출판, 온라인 강의 등 다양한 분야로 성장할 판로가 열리게 되는 것이다.

이때 가장 중요한 것은 채널의 브랜딩이 얼마나 잘 되어 있는지다. 돈 버는 방법, 즉 스마트 스토어, 블로그 육성 등 해당 부분에서 유튜브를 1만 명 이상 육성하였다면 10만 명의 육아 유튜버보다 많은 기회가 열리게 된다. 참고로 당장 직장을 그만두고 유튜버를 전업으로 하는 것은 본인의 판단이겠지만, 현재로서는 10만 명 이상의 구독자 수와 매월 200만 회 조회 수를 넘어야 한다. '돈을 벌기 위한 유튜버나 해볼까?'는 사실 판타지일 수 있다는 이야기다.

하지만 월급 외의 10만 원 이상이 꾸준하게 들어오는 구조를 만들었거나, 고정적으로 10만 원의 수익이 생기는데 가끔 50만 원, 100만 원을 넘기기도 한다면 서운치 않은 가외 수익이 된다. 그러니 여유 있는 마음으로 시작하는 것이 좋다. 지나치게 수익에 집착하면 해서는 안 될 공연한 짓을 할 수도 있고, 심한 스트레스에 시달릴 수도 있다. 나만의 투자 노트를 만들어간다는 마음가짐을 갖고 꾸준히 유튜브 채널을 키워 나가려는 마음이 필요하다.

8. 유튜브 무조건 성공할 수 있는 비법

현재까지 내용을 보면서 유튜브 준비를 마쳤다면 꼭 성공하는 비법을 알아야 한다. 비법을 인지하고 있어야 본인만의 채널을 단기간에 성장시킬 수 있다. 유튜브 육성은 음식점 장사와 같다는 생각을 많이 해보았다. 그래서 요식업을 운영하는 한 업주를 예시로 이야기해 보겠다. 요식업을 준비하면서 가장 중요한 것은 내가 좋아하는 음식을 팔아야 한다는 점이다. 유튜브 콘텐츠도 내가 가장 잘 알고 있는 분야를 선택하여 영상을 촬영해야 한다. 그래야 내가 가장 자신 있고, 좋아하는 분야이기에 도전하며 새로운 아이디어가 도출된다.

손님은 왕이다. 구독자와 시청자를 먼저 생각하고 내 채널에서 원하는 바가 무엇인지를 항상 연구하고 생각해야 한다. 어떤 표현을 할 것인지와 썸네일, 구성, 포인트 등을 지속 고려하며, 시청자의 취향을 맞춰가야 한다. 메뉴는 간단한 것이 좋다. 선택과 집중을 통해 콘텐츠를 최대한 간소화해야 한다. 콘텐츠는 간결하고 임팩트 있게 준비해야 한다. 또한, 일관성을 유지하며, 해당 유튜버를 생각하면 '아! 그 사람 유튜브 스마트 스토어 고수야, 재테크 전문가야.'라는 생각이 들게 해주어야 한다.

또 중요한 한 가지는 포기하지 말아야 한다는 것이다. 중간에 포기하고 힘든 과정을 못 버티면 유튜버로서 성공할 수 없다. 유튜브 진입 장벽이 낮아지면서 주변 지인 중에 1명은 유튜브를 하고 있을 정도이다. 놀면서 그냥 재미로 해보겠다고 생각한다면 아예 시작도 하지 않는 것이 낫다. 일반 음식점도 마찬가지로 그냥 프랜차이즈 개설해놓고 '어떻게 되겠지.' 생각만 한다면 결국 프랜차이즈 가맹 본점에 배만 불려주고, 6개월 이내에 지인 장사를 끝으로 망하게 된다. 그러니 정확한 가이드와 기본기를 사전에 철저히 공부하고 성공하는 유튜브 채널을 운영해야 한다.

'오늘 적극적으로 실행하는 괜찮은 계획이 다음 주에 실행하는 완벽한 계획보다 낫다.' 이 이야기의 팩트는 완벽을 추구하면 추구할수록 실행할 수 있는 원동력이 떨어진다는 것이다. 불완전하더라도 당장 도전하고 실행해야만 매일매일 변화할 수 있다. 물론 성실히 준비하고 꾸준히 공부하는 자세도 유지해야 한다. 기본기를 갖춰 어제보다 발전된 오늘을 만들었으면 좋겠다.

더 밝은 내일을 위해
유튜브 무조건!
"성공 할 수 있는 비법"

제6장.
전자책을 아시나요?

1. 요즘 대세 PDF 전자책 부업이란

　　코로나가 우리의 사회 속에 깊숙이 자리매김한 지금 포스트 코로나를 이야기하는 시점이 왔다. 삶의 다양한 측면이 변화하고 있는 만큼, 수익 활동의 방식도 점차 변화를 맞이하고 있다. 그로 인해 앞으로 변화되는 세상을 생각해야 하는 상황이며, 특히 지난 몇 년간 정보 통신 기술의 발달로 새롭게 떠오른 온라인 기반 시장들이 코로나 19를 겪으면서 크게 성장하고 있다는 점에 주목해야 한다. 코로

나 시대가 안긴 가장 핵심적인 키워드는 언택트, 즉 비대면의 일상화이다.

이와 같은 맥락으로 직장인의 새로운 부업 영역으로 주목받고 있는 것이 PDF 전자책 발간이다. 예전 직장인 부업이라 하면 본업보다는 단순하지만, 시간을 쪼개서 몸을 쓰는 노동인 경우가 많았다. 대리운전 및 택배 배송이 대표적인 사례라 할 수 있다. 오늘날의 부업은 점차 육체적 활동은 대폭 줄어들고, 혼자서 소규모로 일하는 형태로 옮겨가고 있다. 최근 부업으로 주목받는 업종의 공통점은 기술의 발달로 인해 진입 장벽이 낮아졌다는 점, 초기 자본 비용이 거의 없거나 매우 낮다는 점, 대부분 콘텐츠를 제작하는 분야라는 점이다.

나만의 노하우 20페이지 정도만으로도 전자책을 출판하는 일도 여기에 해당한다. 전자책 판매만으로 밀리언 셀러 판매를 기록한 것이 벌써 10여 년 전의 일이다. 전자책 시장이 점차 커지면서 이제 전자책 출판의 문턱은 전문 작가가 아닌 글을 쓰고자 하는 모든 이로 옮겨갔다. 초보 작가 누구나 특별한 진입장벽 없이 발을 들일 수 있는 곳이 되어 있다. 특히 전자출판은 직접 출판 시스템이 가능하므로 기존 출판 시장보다 쉽게 접근할 수 있고, 유통 경로가 매우 간단하다는 것이 장점이다.

또한, 전자책은 굳이 많은 분량을 요구하지 않는다. 20페이지 남짓한 짧은 글을 PDF 파일로 변환하여 온라인 시장에 내놓으면 사고 팔 수 있는 시장이 형성된다. 전자책에 들어가는 내용도 다양하다. 자신이 알고 있는 정보와 노하우를 20페이지 내외의 짤막한 매뉴얼

형식으로 만들어서 판매해도 독자들에게 어필만 될 수 있다면 본업보다 더 큰 수익을 만들어 낼 수 있게 된다. 또한, 내가 이미 알고 있는 것을 글로 쓰기 때문에 무언가를 새로 배울 필요도 없고, 돈을 투자할 필요도 없다. '크몽', '탈잉' 등 재능마켓에서 먼저 열풍이 생기기 시작했으며, 지금은 따로 카테고리가 생길 정도로 시장이 형성되어 있다.

용어가 헷갈릴 수 있는데, 전자책은 이미 종이로 출간된 책을 온라인으로 볼 수 있는 전자책인 이북 ^{e-book} 과는 구별된다. 비싸고 시간·공간의 제약이 있는 강의를 간단하게 텍스트와 그림으로 볼 수 있게 만들어진 것이 전자책이라고 보면 된다. 3줄 요약을 좋아하는 바쁜 현대인의 니즈를 충족시켜 주는 것이다. 또한, Epub ^{Electric Publication : 국내 디지털 출판 포럼에서 제정한 전자출판물의 표준} 형식이 아닌 PDF ^{Potable Document Format : 문서 파일의 한 형태} 형식으로 만들어 전용 프로그램 없이도 어디에서나 쉽게 열어볼 수 있다는 장점이 있다.

2. 나의 경험을 콘텐츠로 무료 전자책 출판

스마트 스토어, 블로그, 유튜브 등을 운영하며 수익을 만들고 있다면 마지막 파이프라인은 PDF 전자책 출판을 준비해야 한다. 전자책은 e-book과는 형태가 다른 PDF 형태에 문서로 작성된 책이라고 생각하면 된다. 본인이 가진 지식을 이용하여 최종적으로 정리한 공략집을 사이버상에서 제작하는 것이다. 이는 현재 운영 중인 블로그 및 유튜브 운영한 내용을 기반으로 수익화할 수 있는 모델이다. 연계할 경우, 큰 수고 없이 파이프라인을 구축할 수 있는 수익 모델이다.

현재 스마트 스토어를 개설하여 도매를 통해 물건을 구입했다면 가격을 결정하기 어려워진다. 왜냐하면 다른 곳에서도 똑같은 물건을 팔기 때문이다. 하지만 전자책은 온전히 세상에서 딱 하나뿐이다. 가치만 입증되면 부르는 것이 값이 된다. 나만의 노하우와 리스크를 축소하는 방법 등이 누군가에게는 시간을 단축할 수 있는 공략집과

같은 역할을 하기 때문이다. 사람들은 자신의 문제 해결에 도움을 주기에 기꺼이 돈을 지급하면서도 공략집을 구입해 보게 되는 것이다.

하지만 대부분 사람이 전자책은 전문가가 만들어야 한다는 편견을 다소 가지고 있다. 하지만 노하우를 알려준다는 측면에서 권위 있는 전문가가 될 필요가 없다. 남들보다 한 단계 정도 높은 정보력만 가지고 있어도 충분히 판매할 가치를 지니고 있다.

전자책의 가장 큰 장점은 리스크가 없다는 것이다. 본인의 자본 투자 없이도 오로지 자신의 노동력을 기반으로 전자책을 만들어 낼 수 있다. 오프라인 책 출판처럼 재고를 안고 있지 않아도 되기에 재고에 대한 두려움도 사라진다. 재고가 발생하지 않는다는 것은 책 제작에 크나큰 장점이 된다. 서점이나 온라인 서점에 제공해야 하는 유통 이윤도 역시 걱정할 필요가 없다. 가장 중요한 배송비 또한 전혀 들지 않고 무자본 파이프를 만들어 낼 수 있는 것이다.

3. 전자책으로 돈을 벌 수 있을까

전자책은 일반 오프라인 서점에서 판매하는 것이 아닌 내가 직접 판매하는 방식이어서 높은 수익을 만들어 낼 수 있다. 서점의 경우 내가 쓰고 싶은 책과 비슷한 책들이 이미 즐비해 있고, 지금도 수많은 책이 새로 출판되고 있다. 따라서 그 모든 책과 경쟁해야 한다. 그러다 보면 흔히 발생하는 현상이 내 책이 관련 사이트 1페이지에서 안 나타나게 된다는 점이다. 뒤로 밀린다는 이야기다. 그러면 구매율이 떨어져 판매 부진의 요인이 된다. 하지만 재능마켓 '크몽', '오투잡', '탈잉'의 경우 일정 심사를 걸쳐 카테고리별 상단 노출이 가능하다.

여기서 추가적인 의문점을 가질 수 있다. 과연 사람들이 전자책을 사는 이유가 무엇일까? 사람들은 원하는 지식과 정보를 얻기 위해 돈과 교환하곤 한다. 지금 읽고 있는 해당 책도 돈을 들여 구매한 서적이다. 운전면허, 토익 시험, 그 외의 정보를 얻고 문제점을 해결하기 위해 전자책을 구매하는 것이다. 본인의 문제를 혼자 힘으로 해결하기 어렵다고 느낄 때 혹은 좀 더 손쉬운 방법으로 해결을 도와준다. 그래서 기꺼이 돈을 지불하면서 발행인의 노하우를 터득해 그 문제를 풀고자 하는 것이다.

현재 전자책 출간을 하고있는 대장TV 전자책

PDF 전자책은 지식과 정보 등의 내용을 PDF 형식에 담아 정리한 것이다. 좀 더 빠른 길로 갈 수 있도록 방향점을 찾기 위해 구매하는 것이라고 말할 수 있다. 이렇게 정보를 습득하는 방식은 유튜브, 강의, 오프라인 서적, 온라인 검색 등이 있다. 하지만 PDF 전자책을 구매하는 이유는, 더욱 간결하고 팩트 있는 요소를 담아 원하는 정보를 빠르게 얻고자 하기 때문이다. 그래서 전자책은 구매욕을 증진시키는 아이템인 것이다.

전자책으로 수입창출이 가능할까?

4. 전자책 만드는 공략집

메인 파이프가 되는 스마트 스토어, 블로그 육성 등을 정했다면 이후부터 전자책 제작을 차례로 준비해야 한다. 전자책 제작에서 가장 중요한 부분은 목차이다. 목차는 가장 임팩트 있고, 핵심적인 요소를 상단에 배치해야 한다. 그래야 구매했던 소비자의 신뢰를 얻을 수 있게 된다. 독자들은 목차가 마음에 들어야 편안한 마음으로 정독하기 시작한다. 목차에서 누구나 하는 이야기나 부가적인 이론을 지속해서 드러낸다면 실망감을 가지고 전자책 정독을 하지 않을 수 있다.

처음부터 원하는 정보를 팩트 있게 전달해야 이후 만족도를 갖게 되고, 더욱 편안하게 전자책을 읽을 수 있게 된다. 그 점을 고려할 때 목차의 중요성은 아무리 강조해도 지나침이 없다. 그래서 독자의 입에 맞는 목차를 구성하는 것이 중요하다. 독자는 목차를 보고 그 책을 구매할 것인지 말 것인지를 결정한다. 목차는 처음부터 고민하지 말고 '크몽', '오투잡', '탈잉' 등에 먼저 판매되고 있는 동일 전자책 모델을 참고하고, 그 외 오프라인 책등을 인터넷 검색을 통해 뼈대를 재차 참고하여 구성하는 것이 좋다.

서비스 설명

※ 본 상품의 판매자가 제시하는 투자의견 등은 오직 판매자의 의견이며, 판매자와 크몽은 투자손실 및 손해 등에 대해서는 어떠한 책임도 지지 않습니다.
※ 제공하는 정보는 투자판단에 대한 조언일 뿐, 해당 종목의 가치의 상승과 하락을 보장하지는 않습니다.
※ 유사투자자문업 신고 현황 확인하기 : http://www.fcsc.kr/D/fu_d_08_04.jsp
※ 다만, 유사투자자문업은 전문성이 없더라도 단순신고만으로 영업을 할 수 있고, 제도권금융기관이 아니기 때문에 제한적으로 금융당국의 감독을 받을 뿐 정기적인 검사 및 분쟁조정 대상기관이 아님을 유의하시기 바랍니다.

[전문가 자기소개/경력/이력]

-최연소 디벨로퍼
-최단기 경매서적 베스트셀러 저자(흙수저루저 부동산경매로 금수저 되다)
-신세계 아카데미 디벨로퍼 자문 대표 고문
-매일 경제 MK 부동산 자문
-(주)엠프로기획, (주)프로비미디어 현 대표이사 역임
-리뷰 플랫폼 원스티체협납, 유튜브 기획사 쇼스타 대표
-SKT, 응진코웨이 마케팅 대표 고문
-소비자 만족지수 1위 기업 및 브랜드 수상
-유튜브 부동산&마케팅전문 채널 "대장TV" 크리에이터

[전자책 기획의도, 목적, 효과]

더이상 험한 상황은 없다고 할 수 있을 정도로 바닥 생활을 경험했습니다. 지금은 당당히 일어나 직원 50명을 이끄는 중견기업의 CEO가 되었습니다. 지독한 가난을 극복하고 성장하는 데 길을 터준것이 부동산경매 였습니다. 경매로 종잣돈을 만들어 자산을 키워 나갔고 회사도 창업하게 되었습니다. 경매 전문가로 유튜브 대장TV 경제적 자유와 실전 투자반을 운영하고 있고 투자 상담도 하고있습니다. 자신과 같이 성공을 꿈꾸는 보다 많은 사람들에게 부동산 경매와 관련된 지식과 정보를 전달하고자 오프라인 서적에 이어 전자책까지 발간하게 되었습니다.

[최근업데이트일자]
2021년 3월12일

[전자책 제공 절차]
결제->노하우/전자책(PDF)작업물 발송

[대장TV 전자책 소개]

2,200,000원 PREMIUM

서비스 제공이 완료된 이후에 전문가에게 결제 대금이 전달됩니다.

대장TV

로그인 후 문의하실 수 있습니다.
연락가능시간: 언제나 가능

전문가에게 문의 남기기

14건	100%	아직몰라요	기업회원
총작업개수	만족도	평균응답시간	회원구분

전문가소개
안녕하세요 대장TV입니다.

전자책 서비스 설명 팩트정리

이렇게 목차까지 전부 구성이 되었다면 해당 목차를 무조건 다 채워야 다음 목차를 작성한다는 생각을 하지 않기를 바란다. 목차를 다 채워야 다음 목차로 넘어가겠다고 생각할 때 전자책 작성 속도가 붙지 않기도 하고, 막히는 순간부터는 전자책 쓰는 것이 즐겁지 않게 된다. 그러니 한 문장만이라도 쓰고, 추가적인 내용을 쓰기 어렵다면 바로 다음 문단으로 넘어가 작성하면 좋을 것 같다. 자유롭게 콘텐츠를 작성해 나갈 수 있다는 점은 전자책을 제작하는 데 큰 장점이다.

다음 날 전자책을 다시 쓰기 시작할 때는 막혔던 부분을 처음부터 다시 읽어 보기 시작하면 생각나지 않던 것이 자연스럽게 풀릴 수 있다. 다음 노하우들이 생각나기도 하고 혹은 인터넷 정보 수집으로 해당 문단이 완성되는 결과를 만들게 된다. 책을 만들 때는 오프라인 책과 다르게 문단마다 일정 간격을 띄워 보다 편안하게 전자책을 정독할 수 있게 해야 한다. 전문 편집자가 제작하는 오프라인 책과 차별성을 두기 위해서는 보기에 답답함이 없는 비주얼 편집을 해야 한다.

즉, 3~4줄에 한두 개씩 칸을 나눠 전자책을 읽는데 부담을 주지 않도록 하자. 단, 문단마다 연결성이 떨어지지 않도록 글씨 색을 바꿔주고, 폰트 크기를 변경해 주면서 가독성을 높이는 작업이 포인트이다. 또한 이해를 돕기 위해 용어 해설집, 사이트 주소, 가입 루트, 사용 방법 등을 이미지로 첨부하여 전자책에 이해도를 높이는 데 도움이 된다. 빼곡히 텍스트 위주로 작성하면 소비자인 구독자들의 눈길을 사로잡지 못한다. 비주얼 편집을 늘 염두에 두어야 한다.

전자책은 해박한 지식이 있는 사람만 제작하는 것은 아니다. 누구나 화려하지 않아도 본인만의 노하우 및 장점 등을 압축하여 불특정인들에게 도움을 줄 수 있으면 된다. 전문가가 아니더라도 자신의 특정 분야 노하우를 대중에게 전달할 자세만 돼 있다면 그 누구도 도전할 수 있는 분야이다. 큰 비용 없이 자신의 책을 만들 수 있다는 것도 전자책의 두드러진 장점이다. 처음 만들기가 어려운 것은 당연하다. 그러나 두 번째 세 번째 책을 만들기는 훨씬 수월할 것이다. 당장 전자책을 제작하여 제3의 월급을 만들어 보자.

5. 무조건 팔리는 전자책 시크릿 공식

잘 팔리는 전자책을 만들기 위해 2가지 원칙을 잊지 말고 작성하자. 우선은 명분이다. 가치를 입증시키는 것이 중요하다. 잘 팔린다는 것은 고객이 원하는 것을 해결해 주었다고 볼 수 있다. 이때 성공여부를 가를 중요한 요소가 바로 매력적인 목차이다. 목차를 미리 잡고 글을 작성해야 전체적인 맥락을 깨지 않고 빠르게 집중하여 원고를 가독성 있게 마무리할 수 있다. 목차, 즉 뼈대를 잘 만들고 글쓰기를 시작하면 속도도 빠르게 붙어 한결 전자책 쓰기가 수월해진다.

또한, 목차를 작성하고 각 소제목에 맞는 본문을 쓰다 보면 원고 작성 시간이 줄어들고 빠뜨릴 수 있는 내용도 놓치지 않을 수 있다. 책을 제작하는 데 있어 목차는 건축할 때 설계도와 같은 구실을 한다. 목차가 탄탄하면 무난히 책을 완성할 수 있다. 이는 설계도가 완벽하면 설계도에 따라 과정을 진행해가며 집을 지을 수 있는 것과 같은 원리이다. 반복적으로 진행하다 보면 목차 작업은 한결 수월해진다. 한 권만 성공하면 다음부터는 시키지 않아도 다음 책을 제작할 것이다.

다음으로는 짧은 호흡이다. 위에서 말한 것처럼 PDF 전자책은 이론적인 내용보다는 노하우, 실전서의 성격이 강하기에 공략집을 작성한다는 생각으로 집필하는 것이 바람직하다. 페이지 수보다는 독자들은 공략집답게 엑기스를 짧고 빠르게 알고 싶어 한다. 사람들이 독서를 하지 않는 이유가 무엇일까? 200~300페이지 되는 종이책을 읽기에는 너무 귀찮고 따분하기 때문이다. 학교 선배, 주변 동네형 등이 알려주듯이 친한 느낌으로 작성하며, 때론 전문가의 자세를 통해 짧고 임팩트 있는 전자책을 만들어가야 한다. 결국, 짧고 간단하지만 핵심은 명확해야 한다는 이야기다.

부연해 설명하면 전자책을 쓸 때 최대한 빠르게 초고인 1차 글쓰기를 마무리하는 것이 좋다. 본인만의 기준점을 정해 일주일 혹은 한 달이라는 기간을 선정하고 1차 글쓰기를 완료해야 한다. 그러면서 2차, 3차 수정을 통해 더욱 정교하며, 설득력이 있는 전자책으로 완성할 수 있게 된다. 공략집이라는 특성을 잊지 말고 간략하게, 그러면서도 핵심은 정확하게 집필해야 한다. 완벽한 것보다 완수하는 것이 더욱 중요하니, 빠르게 1차 글쓰기를 완성해 보자.

전자책을 파는 재능마켓에는 다양한 PDF 전자책이 판매되고 있지만 완성된 모든 전자책이 잘 팔리지는 않는다. 별도에 마케팅이나, 광고 없이도 꾸준히 팔리는 전자책이 있으면서도 초창기에만 잠깐 팔리고 더 안 팔리는 전자책도 있다. 과연 이 두 책의 차이점은 무엇일까? 이 점을 간파하지 못하면 언제나 안 팔리는 책을 만들게 되고, 흥미를 잃게 되고 그로 인해 나중에는 책을 만드는 일을 포기하기에 이른다. 포기하지 않으려면 잘 팔리는 책을 만들어야 한다.

무조건 잘 팔리는 전자책의 조건 3가지를 잊지 말자. 첫 번째는 우리가 쓰는 전자책은 적은 페이지에 핵심을 요약하여 서술해야 하기에 이론에 충실하기보다는 실전에 바로 활용할 수 있는 신속성과 간결성을 갖춰야 한다. 공략집과 같은 맥락이라고 생각하면 된다. 즉, A~Z까지 전체적인 공정을 이야기하기보다는 현실적이고 구체적인 내용을 바로 이야기하며, 팩트 있게 요약하여 만들어야 한다.

두 번째 무조건 팔리는 전자책의 원칙은 제목과 썸네일의 중요성이다. PDF 전자책 특성상 종이책처럼 인덱스와 내용을 천천히 보고 구매할 수 없다. 전자책 제목이나, 썸네일 전자책 표지 그리고 판매하는 내용에 대한 소개란이 필요하다. 즉각적으로 구매 전환을 만들 수 있는 킬러 키워드가 존재해야 한다. 실례로 '스마트 스토어로 돈 버는 방법'이라고 하지 말고 '스마트 스토어 이것을 모르면 절대 안 팔린다.' 이런 식으로 후킹 하는 제목을 구성하여야 최종 구매 전환율을 높일 수 있다.

마지막 세 번째는 리뷰 및 후기의 중요성이다. 제목과 상세 페이지 썸네일 등에 압도되어 스크롤을 내리고 마지막 후기란을 보는 경우가 많다. 그런데 리뷰란에 0이라고 표기돼 있다면 소비자들은 아무래도 구매를 꺼리게 된다. 본인이 운영하는 SNS가 있다면 홍보를 하거나, 관련 오픈 카톡방, 네이버 카페 등에 침투하여 첫 구매와 리뷰를 달게 하는 것도 하나의 방법이다. 또한, '크몽' 내에도 광고가 있으니 어떻게든 후기를 모으는 데 집중해 보자.

6. 전자책 판매 등록 업체 공략

　　스마트 스토어 및 블로그 육성 방법 등으로 전자책을 집필했다고 가정하자. 이후에는 가장 어려운 판매가 기다리고 있다. 출판 업계에서는 출판사 업무 중에 책 만드는 일이 가장 쉽다는 이야기가 있다. 우리가 만든 PDF 전자책은 출판사를 거치지 않고 '크몽', '탈잉', '오투잡' 등의 재능마켓 사이트를 통해 총 판매 금액의 20% 수수료만 지급하면 누구나 판매를 성사할 수 있다. 단 개인의 루트인 SNS를 통해 판매할 경우 별도 수수료 없이 판매할 수 있다. 이처럼 전자책 시장이 확장됨에 따라 전자책만 전문으로 하는 거래 중개 사이트들도 계속 생겨나고 있다. 매체별 제한 조건 및 심사 과정을 간략하게 전달하겠다.

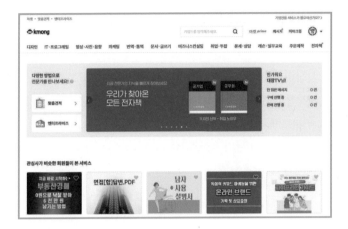

└ **크몽** https://kmong.com

우리나라에서는 전자책의 거래가 가장 활발한 플랫폼이다. 크몽
은 전자책뿐만 아니라 다양한 재능을 판매하고, 구매할 수 있는
플랫폼이다. '크몽'에 등록되는 기준이 까다로워지고 있으며, 현
재는 20페이지 이상의 전자책을 등록해야 승인을 해준다. 또한,
승인 신청을 하면 1주일 정도 후에 결과가 나오니, 몇 번 승인 반
려가 되면 한 달이 빠르게 지나버리게 된다.

└→ 탈잉   https://taling.me

전자책 시장이 확장됨에 따라 '크몽' 다음으로 빠르게 전자책 판매를 시작한 '탈잉'은 기본적으로 오프라인 강의를 중개하는 업체이다. 전자책 판매가 가능한 사이트 중 전자책 판매 승인 조건이 가장 까다롭다. 최소 50페이지 이상의 전자책을 써야 등록할 수 있다. 하지만 현재로서는 '크몽'보다는 판매량은 저조한 편이다.

└→ 오투잡   https://www.otwojob.com/main

'크몽'과 마찬가지로 재능을 사고파는 중개 플랫폼이다. '오투잡' 도 전자책 판매 승인 기준이 없어서 대부분 등록하면 승인이 난다. 그러나 활성화가 미흡하여 판매량은 위에서 밝힌 두 매체에 비하여 저조한 편이다.

└ **프립**　　　　　　　　　　　https://www.frip.co.kr

'탈잉'과 마찬가지로 온라인 강의를 전문적으로 중개하는 업체
이다. '크몽'과 '탈잉'이 전자책 판매 카테고리를 만들고 나니,
'프립'도 이에 동참하여 판매를 추진 중이다. 현재는 승인 규제
가 까다롭지 않아 심사 요청 시 대부분 반려되지 않고 승인된다.

└ **텀블벅·와디즈**　　　　https://www.wadiz.kr/web/main

이들 플랫폼은 전자책도 펀딩을 통해 투자자를 유치하는 형태
를 취한다. 해당 사이트에서 펀딩이 성공하거나, 해당 사이트에

서 잘만 팔리면 한 달에 최소 300만~1000만 원 이상의 수입을 만들어 갈 수 있다. 눈여겨보며, 공략해야 할 플랫폼이다.

└ 기타

그 외 판매 가능한 곳들은 많은데 아직 신생 업체들이 많아 판매에 큰 도움을 주지 못한다. 해당 사이트들은 우선 등록하며, 다양한 곳에서 판매가 될 수 있도록 관리 운영해야 한다. 카페, SNS, 블로그 매체를 통해 자발적인 홍보를 병행해야 양질의 후기와 지속적인 구매를 끌어낼 수 있으니, 셀프 마케팅도 꼭 일정 시간을 배분하여 투자하도록 하자.

7. 전자책 필수 요소 4계명

잘 팔리는 전자책 요소 4계명을 잊지 말고 기억하며, 제작해야 한다. 그중 가장 첫 번째는 '썸네일'이다. 오프라인 책처럼 각종 책의 내용을 보지 못하고 구매해야 하는 전자책으로서는 가장 중요한 부분이라고 보인다. '썸네일'은 텍스트 30% 이미지 70% 정도의 구성이 가장 눈에 띄고 오래 머물게 된다. 예를 들어 백화점이나 각종 아웃렛에서 피에로 분장을 하고 웃긴 표정을 지으며, 아이들에게 풍선을 나눠주는 행위를 본 적이 있을 것이다.

이때 아이나 어른들의 시선을 주목하게 하며 퍼포먼스를 하는 이유를 찾게 된다. 이렇듯 '썸네일'은 무심코 지나가는 독자들의 시선을 한 번이라도 주목하게 하는 가장 중요한 역할을 한다. 가장 많이 신경을 쓰며 제작을 해야 한다. 세상은 온통 사람들의 시선을 사로잡으려 하는 것 천지다. 사람들의 시선은 한정적이지만 그 시선을 뺏으려는 경쟁은 무한하다. 그러니 그 경쟁에서 이겨야 마케팅이 시작된다.

두 번째는 '제목'이다. 독특한 '썸네일'을 제작하여 유입을 만들었다면 제목은 유입된 인원을 세분화하여 그들에게 어떤 이득과 혜택을 줄 수 있는지 인지하게 하는 것이다. 지속성을 만들어주는 과정이다. 피에로 분장을 한 사람이 인형을 주면서 전단을 같이 주게 된다. 전단에는 '키즈 카페 방문 시 뽀로로 음료수 무료'라고 쓰여 있다. 전자책 제목에는 목적과 이득을 담고 있게 된다. '썸네일'은 내가 만든 전자책을 눌러보게 하는 것이고, '제목'은 유입된 인원 중에 실제 구매를 만들어 줄 인원을 선별하는 과정이다.

전자책 필수 요소 4계명

01 썸네일	02 제목	03 상세 페이지	04 페이지 수

세 번째는 '상세 페이지'이다. '썸네일'과 '제목'을 보고 관심이 생긴 사람은 더욱 상세한 정보를 원하기에 클릭을 하게 된다. 그렇게 '썸네일' 및 '제목' 이외에 가장 먼저 만나는 것이 '상세 페이지'다. 페이지에는 어떤 내용을 핵심적으로 담고 있는지 어떤 결과를 얻을 수

있는지 체크한다. 이는 최종 구매 전환에 큰 영향력을 미치게 된다. 그러니 포괄적인 내용보다는 핵심적인 내용인 결과를 바로 도출해서 보여주는 식의 페이지 구성으로 체류 시간을 증가하도록 해야 한다. 여기까지 유도해놓고 떠나게 하면 그동안의 노력은 소용없는 일이 된다.

최근 전자책 대란이 일어나면서 전자책으로 돈을 벌어보려고 대충 잘라 붙여서 허접스럽게 만드는 제품이 상당히 많아졌기 때문이다. 기존 '크몽' 및 '탈잉'은 페이지 수 제한을 두지 않았는데 소비자를 기만하는 경우가 많아 페이지 수를 '크몽'은 20페이지, '탈잉'은 50페이지 이상으로 제한을 두었다. 내용이 부실하면 악성 후기가 남발하게 되고 결국에는 전자책 판매도 저조하게 된다. 그러니 더욱 신중하게 본인만의 노하우를 담아 전자책 집필을 해야 한다.

8. 스토어, 블로그, 유튜브, 전자책 한 번에 연결하는 방법

여기까지 읽다 보면 '이 많은 걸 언제 하지? 못 하겠다.' 하는 생각을 할 수 있다. 이 모든 것을 다 하려면 잠자는 시간까지 포기해야겠다는 생각이 든다. 내가 말하는 4가지 가치 투자는 각각 새로운 에너지를 만들어 진행하는 것이 아니다. 하나의 일에만 집중한다면 자연스럽게 세 가지 일은 따라오게 된다. 예를 들어 첫 번째 시작점을 스마트 스토어를 진행하므로, 거기서 얻은 도매처, CS 문의, 재고 관리 등 다양한 방법과 스킬 등을 나만의 투자 노트를 만들어 블로그 운영 관리를 진행하면 된다.

이로써 한 가지 일에 2가지 파이프가 연결된 것이다. 이렇게 완성된 2번째 파이프를 가지고 유튜브 촬영할 스크립트를 만들고 영상으로 남기게 된다. 그러면 3번째 파이프가 연결된 것이다. 마지막으로 블로그 원고와 유튜브 원고들을 압축하여 전자책 출판을 진행하게 된다. 이처럼 처음 시작하는 스마트 스토어가 시작점으로 낭비하는 에너지가 없이 블로그, 유튜브, 전자책 등으로 파생 시켜 하나의 업무에 4가지가 진행될 수 있도록 하면 된다.

스마트 스토어를 예로 든 것뿐이지, 첫 단추가 다른 비즈니스 모델이어도 전혀 상관은 없다. 내가 지금 육아를 전업으로 하는데 PPT를 잘 만들거나, 영어를 잘한다면 그 상황을 십분 활용해야 한다. 누군가에게 양질의 정보를 제공할 수 있다면 블로그, 유튜브, 전자책 3가지 파이프는 자동으로 연결할 수 있다는 생각을 늘 가져야 한다. 우리가 시간이 없다고 이야기하는 것은 틀린 이야기이다. 가만히 생각해 보면 우리는 남는 시간이 분명 존재한다. 남는 시간을 예로 들어 보겠다. 먼저 출·퇴근 시간이다. 해당 시간에는 적게는 30분 길게는 2시간씩 이동을 하며 회사를 출·퇴근한다. 하지만 해당 시간에는 잠을 자거나, SNS, 게임 등으로 소모하며 대개는 무의미한 시간을 보내게 된다. 또 퇴근 후에 집에 들어와서 바로 잠을 자는 사람은 드물다. 남는 시간에 TV를 시청하거나 게임 등을 하면서 최소 2시간을 소비 후 잠을 자게 된다. 그런 시간을 활용해야 한다. 그 시간이야말로 우리가 가장 적극적으로 공략해야 할 시간이다.

회사에 출근하면서 퇴근까지 모든 시간을 일에만 집중하지 않는다. 커피도 마시고, 쉬는 시간을 가지며, 점심시간에는 잠을 자기도 한다. 이처럼 우리는 시간이 없는 것이 아니라 본업을 제외하고 다른 업무를 할 수 있는 에너지가 없는 것이다. 막연한 계획은 실행을 못하게 한다. 그러니, 실행할 수 없는 목표보다는 바로 실행할 수 있도

시간을 배분하여
돈을 벌 수 있는 시스템을 만들자!

록 목표를 잘게 잘라서 바로 실행에 돌입해야 한다.

시간이 없다는 것은 핑계일 뿐이다. 시간은 만드는 것이다. 지금부터 본인의 시간을 배분하며, 선택과 집중을 통해 나의 노동력에만 의존한 삶이 아닌, 일하지 않아도 돈을 벌 수 있는 시스템을 만드는 데 집중해야 한다. 시간이 없는 것은 누구나 마찬가지다. 없는 시간을 만들어 파이프라인을 구축하는 사람만이 일하지 않고도 수익을 올리는 구조를 만들 수 있다. 이런저런 핑계만 앞세워 실행에 나서지 못한다면 생활은 절대 바뀌지 않는다.

30대 백만장자가 알려주는 가난에서 탈출하는 방법

바쁜 직장인이 월 천만 원 버는 시크릿 공식

1판 1쇄 2021년 5월 5일
1판 2쇄 2022년 9월 8일

지은이 김상준
편집 장현주
펴낸곳 보스북스

보스북스
등록 2021년 3월 26일(제2021-000019호)
주소 서울특별시 금천구 가산디지털1로 75-24, 901호,902호(가산동, 가산아이에스비즈타워)
홈페이지 www.bosstv.co.kr
전화 02-863-9803
팩스 02-862-2481 **이메일** ksj44378@naver.com
ISBN 979-11-6440-772-9 (03320)